大学生心理健康教育机制构建与模式创新研究

李爱冰 著

延边大学出版社

图书在版编目（CIP）数据

大学生心理健康教育机制构建与模式创新研究 / 李爱冰著. -- 延吉：延边大学出版社，2021.11
　　ISBN 978-7-230-02234-7

　　Ⅰ. ①大… Ⅱ. ①李… Ⅲ. ①大学生－心理健康－健康教育－教学研究 Ⅳ. ①G444

中国版本图书馆CIP数据核字(2021)第236432号

大学生心理健康教育机制构建与模式创新研究

著　　者：李爱冰
责任编辑：李鹏飞
封面设计：王　朋
出版发行：延边大学出版社
社　　址：吉林省延吉市公园路977号　　邮编：133002
网　　址：http://www.ydcbs.com
E-mail:ydcbs@ydcbs.com
电　　话：0433-2732435　　　　　　传真：0433-2732434
发行部电话：0433-2733056
印　　刷：北京市迪鑫印刷厂
开　　本：787毫米×1092毫米　1/16
印　　张：6
字　　数：130千字
版　　次：2022年3月第1版
印　　次：2022年3月第1次印刷
ISBN 978-7-230-02234-7

定价：52.00元

前　言

21世纪是知识经济的时代，全球经济一体化不断地加强，为助推经济的快速发展，培养高质量、高素质的建设性人才，心理健康教育任重道远。在现阶段，教育的意义不止于传授知识、培养技能，还应该让学生拥有健康的生理和心理。在现代化进程中，心理健康是大学生身心健康发展不可或缺的要素。本书通过对当下大学生心理健康问题出现的原因、现状等的分析，旨在使大学生的心理得到良好的发展，在大学生心理健康问题上提出了创新性的思考。

本书主要包括大学生心理健康教育概述、心理健康教育的方法研究、改善大学生心理健康教育的策略、大学生心理健康教育的创新研究、积极心理学视角下的大学生心理健康教育模式研究、"互联网+"背景下大学生心理健康教育模式的重塑六个方面的内容。结合大学生心理发展的实际，着重心理健康方法的介绍与策略研究，突出实践性和应用性，力图构建适合我国大学生心理健康教育的模式，为我国高校开展心理健康教育和心理咨询与辅导工作提供借鉴。

作者在撰写本书的过程中，参考了大量的文献资料，引用了多位专家和学者的研究成果，在此表示最诚挚的谢意。书中存在的不足之处，敬请各位专家、学者和广大读者批评指正。

目 录

第一章 大学生心理健康教育概述 ·· 1
- 第一节 大学生心理健康教育的现状及改善措施 ························· 1
- 第二节 影响大学生心理健康的因素 ··· 5
- 第三节 高校体育与大学生心理健康的互动研究 ························· 7

第二章 心理健康教育的方法研究 ·· 11
- 第一节 构建心理危机干预系统 ··· 11
- 第二节 构建心理健康测评系统 ··· 15
- 第三节 建立和谐的师生关系 ··· 18

第三章 发展大学生心理健康教育的策略 ······································ 22
- 第一节 构建和谐文明的校园环境 ·· 22
- 第二节 调整心理健康教育的教学策略 ····································· 24
- 第三节 重视思想政治教育工作 ··· 27
- 第四节 提高大学生心理咨询服务的质量 ·································· 30
- 第五节 建立健全大学生心理健康教育档案 ······························· 34

第四章 大学生心理健康教育的创新研究 ······································ 39
- 第一节 主观生活质量与大学生心理健康教育 ···························· 39
- 第二节 利用音乐教育促进大学生心理健康的发展 ······················ 41
- 第三节 案例法介入大学生心理健康教育 ·································· 45
- 第四节 大学生心理健康教育政策的经济环境 ···························· 49

第五章 积极心理学视角下的大学生心理健康教育模式研究……51

- 第一节 积极心理学视角下的大学生心理健康教育的探索……51
- 第二节 积极心理学视角下的大学生心理品质培养体系的构建……56
- 第三节 积极心理学视角下的大学生心理危机干预策略研究……59
- 第四节 积极心理学视角下大学生心理健康教育模式的创新研究……63
- 第五节 积极心理学视角下的大学生心理健康教育教学设计研究……66

第六章 "互联网+"背景下大学生心理健康教育模式的重塑……70

- 第一节 "互联网+"背景下大学生心理健康教育模式的创新研究……70
- 第二节 互联网金融背景下大学生的消费观及心理健康教育……72
- 第三节 "互联网+"背景下体验式教学在大学生心理健康教育中的应用……74
- 第四节 互联网对当代大学生心理健康的影响及教育对策……77
- 第五节 "互联网+"背景下大学生心理健康教育的新途径……79
- 第六节 "'互联网+'教育"趋势下大学生心理健康教育教师师能的提升……81

参考文献……86

第一章 大学生心理健康教育概述

第一节 大学生心理健康教育的现状及改善措施

大学生群体，一个看似轻松、无忧无虑的群体，事实上却承受着巨大的压力，面临着学业、生活、就业、情感以及身份转变的多重压力，大学生现今的一些心理问题亟待解决。而各项心理健康调查也表明，大学生已经成为心理健康问题高发的一个群体。因此，有必要对大学生群体的心理健康问题进行客观的剖析并提出相应的解决措施。

心理健康，指能在社交、生活上与其他人保持较好的沟通或配合，能正确地处理生活中发生的各种状况。心理健康作为个体适应环境的一项能力指标，与个人的身体健康密不可分。

一、大学生心理健康的标准

第一，智力正常，能充分运用智慧解决问题；第二，情绪健康；第三，意志坚定；第四，人格健全；第五，自我评价正确；第六，人际关系和谐；第七，适应能力强。

二、大学生心理健康教育的现状

（一）教育发展不均衡影响大学生的心理健康

从实际情况来看，教育发展不均衡的问题在心理健康教育领域也有所体现，部分偏远地区的高校或者办学条件相对较差的高校，对于学生的心理健康教育问题的重视程度仍然不够。部分高校将心理健康教育工作的重心放在对大学生进行心理咨询与交流上，只对已经出现心理健康问题的学生进行帮助，并不重视大学生心理健康问题的预防工作。

（二）高校心理健康教育机制不健全

我国高校心理健康教育工作起步较晚，缺乏经验。因而，各高校在进行大学生管理体系设计时，忽略了大学生心理健康教育机构的建设，造成学校管理系统中无明确的心理健康教育管理体系。随着大学生心理健康问题逐渐增多，各高校虽然增设了心理健康教育机构，但这种管理机构并无统一的管理模式，高校大多是将其作为各部门下设机构。例如，学生会、团委、马克思主义学院等，甚至存在部分学校在校医院设立心理健康教育机构的情况。虽然大学生心理健康教育已成为各高校的必修课程，但该课程的组织和管理仍然缺乏详细的规划。

三、当代大学生心理健康问题产生的原因

（一）对新环境的不适应

学生在大学里学习，更多的是依靠自律，而且大学课堂也与高中课堂不同。大学里没有固定的教室，每节课都在不同的教室，甚至不同的教学楼上课，也不存在固定的同桌。

除此之外，寝室生活是一种群体生活模式。群体不会像家人那样迁就以及包容自己，每个人的性格、教育背景、世界观的不同，都会影响寝室同学之间的相处模式。这对远离家乡，离开长期依赖的父母和熟悉的生活环境的大学生来说，通常会产生不同程度的压力和心理上的不适应，即对将来如何独立生活，怎样适应新的环境，内心或多或少地会感到担忧与不安，并伴有焦虑感和孤独感。这在一些适应能力较差的大学生中表现得尤为明显，他们通常会出现食欲不振、失眠、烦躁、注意力不集中等状况，个别严重者甚至不能坚持正常学习。

（二）自我意识的发展

随着生活环境、学习要求的变化和认知能力的提升，大学生在自我意识的发展过程中，经历着自我肯定与否定等复杂的情感体验，许多心理问题随之出现，并影响着大学生的身心健康。

（三）理智与情感的冲突

大学生情绪发展的一个显著特点是容易两极分化，波动性大，易冲动，不易控制，特别是当遇到失恋等人生打击时，尽管理智上能够理解，在情感上却难以接受。

（四）学业压力与就业压力

为了提高大学生的专业水平，各高校开设的科目较多，以致课程的负担过重或学习方法有问题，从而导致大学生对完成学习任务感到力不从心，使其长期感到精神压力过大及过度紧张，甚至出现失眠、焦虑、抑郁等情况。

除此之外，各类社团活动对于那些课业繁重的学生来说，完成学习任务已经需要花费大量的时间，很难花费更多的时间参加社团活动。因此，对于那些自身学习效率较低，又想要在课外活动中取得成绩的学生来说，社团活动会增加他们的学习压力。

同时，对于即将毕业的大学生来说，还面临着就业压力。大学生成绩不理想或因母校不出名而自卑，会导致其出现就业恐慌，尤其是目前严峻的就业形势，又导致他们强迫自己加倍努力去学习，以提升自己的竞争力。如此形成一个恶性循环，许多心理问题就会随之产生。

四、解决大学生心理健康问题的措施

（一）自我调节

1. 自我勉励

自我勉励更多地体现在给予自己信心，有自信去战胜那些不利因素。比如，坚信自己可以通过努力而变得优秀。

2. 宣泄负面情绪

在大学这个小型社会里，有的人已经完成了学生向社会人的转变，而有的人依旧还是一个学生。因此，持不同人生观的两类人相处，难免会产生抵触情绪。所以，大学生需要学会自我调节，采用高强度的运动等方法消除不良情绪。

3. 合理分配自己的时间

很多学生的压力来自不合理的时间分配，既想要丰富的社团、社会活动，又想要优异的学习成绩，但大多数学生都难以实现各方面的均衡发展。因此，大学生要合理地安排时间，使学业和实践活动得到平衡。

（二）加强高校心理辅导

高校心理辅导和咨询是目前解决大学生心理问题的重要手段。高校可以设立专门的心理咨询室，一方面对班级心理委员定期培训，另一方面可以接待产生心理问题的学生，对其进行心理疏导。同时，高校心理辅导老师可以每学期制作网上心理健康调查问卷，让学生填写，从问卷结果中找出需要进行心理咨询的学生。

总之，要完善心理辅导与咨询的相关软硬件设施，无论是师资力量还是各类心理辅导室、各种心理辅导道具或设备，就是要给大学生提供有效的心理辅导与咨询。

（三）开设心理教育课程

对大学生实施心理健康教育最常用的方法是开展大学生心理健康教学活动。心理素质的提高离不开知识的储备，离不开学生对心理方面的知识的学习。开展大学生心理健康教学活动有助于学生了解心理问题发生的原因。因为有些心理的问题并不是病态的，而是一种短时间内的正常心理反应。大学生掌握心理知识以后可以向专业人士咨询自己现阶段的心理问题，正确处理困扰自己的一些心理问题，而不是惧怕倾诉和交流。

五、对开展大学生心理健康教育的几点想法

1. 加强大学生心理健康教育档案管理

大一新生入学之后,学校可以组织心理健康教师开展全面的心理健康调查。建立完备的学生档案系统,对学生所处的家庭环境进行了解,以便及时了解学生产生心理问题的根本原因。这项工作的工作量非常大,需要投入一定的人力和物力来支持。

2. 心理素质教育内容贯穿于日常教学中

时代在变革,我们的教学也应该随着时代的变化而变化,教育教学改革也应该深入高校心理课堂教学活动中。我们的高校课程在设置之初,就应该重视学生的心理健康问题,并开设相关的课程。教师的作用不应该仅仅局限在授业,还应该是传道,解决学生们在学习过程中的疑惑。当然,这一点对教师来说也是一个重要的考验。教师的工作态度是否积极向上,也影响着学生的学习效率。

3. 重视朋辈心理辅导的重要性

朋辈从广义上讲可以是学生信任的老师、同学、家长等人。狭义而言,在大学里,朋辈心理辅导是经过一系列培训的非专业人员帮助同龄人的过程。承担这项工作的人员,可称为朋辈辅导员或心理委员。在经过比较专业的一些培训和学习之后,旨在让他们在自己的能力范围内,像老师和朋友一样帮助新生更好地处理学习、生活中遇到的问题。

朋辈辅导员通过与学生的接触,可以更多地关注以下类型的学生,如生活自理能力较差的学生、自控能力较差或者懒惰的学生、人际交往过程中比较内向不善言辞的学生、缺乏安全感的学生等。对于这些学生,朋辈辅导员可以根据他们不同的情况,制订帮助计划。另外,可以针对以上各种类型的学生的不同情况来组织学校的各项活动,鼓励他们积极参与到各项活动中去,建立自信,展现自我,从而更快地融入新的校园生活中去,真正在校园生活中感受到集体的温暖。应该说,我们的朋辈辅导员是大学心理健康教育工作的先锋,利用他们和学生沟通顺畅的优势,能更好地发现和解决由学生心理问题引发的各种问题。各高校都应对此投入人力和物力,切实保障大学生心理健康教育工作能够顺利开展。

4. 加强校园文化建设,开展特色校园活动

校园文化建设,对整个校园建设来说是一个重要的环节。大学生在进入大学校园之后,很有可能会通过网络或者其他方式去摆脱自己的负面情绪。校园活动要积极地深入学生之中,了解学生的多样化需求,而不是把校园活动仅仅局限在一些单纯的才艺展示上。校园活动要有特色,要与时俱进,要契合学生现阶段的情感寄托,这就需要我们在开展校园文化活动的过程中,积极采纳学生的建议。当然,学校也要在这方面多下功夫,投入一定的人力和物力。

5. 积极开展社会实践活动

就业困难是大学生产生心理问题的主要原因之一。学校要积极为学生创造社会实践的机会，让学生充分了解社会。这也是高校教学改革的一个重要方面。

综上所述，大学生的心理健康问题关系到我国未来的发展，只有解决好大学生的心理健康问题，才能培养出更多的优秀人才，实现我国经济的快速发展，推动社会的进步。

第二节　影响大学生心理健康的因素

本节主要从自身、家庭、学校和社会四个方面，分析了影响大学生心理健康的因素，进而从个体和学校两个层面提出保障大学生心理健康的具体应对策略。

世界卫生组织提出："21世纪人人享有卫生保健"的全球卫生战略。心理健康的标志是：适应环境、有幸福感。随着都市生活节奏的加快，心理健康问题已成为影响大学生健康成长和高校发展的重要因素。大学生心理健康教育已经成为高校教学工作的一个重要方面。因此，了解和把握大学生心理健康的影响因素、选择心理健康教育教学内容，是有效开展大学生心理健康教育工作的前提和基础。

一、哪些因素影响大学生的心理健康

根据"素质—压力模型"可知，个体若有得某种心理疾病的体质，则特别容易受环境压力的影响。就大学生这一特殊群体而言，其"压力"主要指其在学习和生活中，可能会面临的各种困扰或问题。当大学生面临外界压力时，如果缺乏有效的应对方式，那么就可能会出现不良的状况，进而引发更严重心理疾病。

（一）自身因素

大学生正处于身心发展的重要时期，他们在心理上正处于迅速走向成熟的过渡阶段。由于我国中学阶段长期实行应试教育，不重视对学生进行心理教育，这使得学生在升入大学后，普遍感到迷茫，容易出现一些心理问题。"以自我为中心"、人际交往能力较弱等，也容易引发大学生的心理健康问题。这种情况一般分为两类：一类是追求完美，过度在乎周围的一切，非常在意别人的看法，不允许自己没有达到预期的目标，容易将失败进行内部归因，从而产生焦虑、抑郁等负面情绪；另一类是学习动力不足，容易将失败归因于外在因素，自我控制能力较弱，容易沉迷于网络、游戏等。

（二）家庭因素

家庭是人格形成的摇篮。良好的家庭环境对大学生形成健康的人格具有重要的作用。

事实证明，和谐的家庭氛围有利于大学生形成谦虚、礼貌、随和、乐观的性格；反之，则易使大学生形成粗暴、孤僻、冷漠等不良的性格。因此，父母的态度、家庭气氛、亲子关系等，对学生日后的人格独立与心理健康有很大的影响。同时，家庭的经济状况也会对他们产生一定的影响。

（三）学校因素

高校中的竞争压力会增加大学生的心理压力，进而影响其心理健康。多年来，我国的高校以"学科为本"为主题设置课程，极不重视对大学生进行心理健康教育。目前，尽管很多高校都设有心理咨询中心，但心理健康教育工作开展得并不尽如人意，主要是因为咨询手段和方法落后，无法适应学生的要求，以致学生一旦有了心理问题，也不愿意进行心理咨询。

二、改善大学生心理健康状况的策略

大学生群体的特殊性，给高校心理健康教育的实施带来了巨大的困难。虽然目前各高校建立了心理咨询机构，成立了各种与心理健康有关的社团；但是大学生心理健康教育是一个系统工程，需要各方面协同发展。因此，探讨大学生心理健康问题的干预策略就显得尤为重要。

（一）从学生个人方面改善其心理健康状况的策略

这是开展大学生心理健康教育的重要方式，也是在心理健康教育中有效发挥大学生主体作用的最佳方式。大学生具有较高的知识水平、较强的认知能力和相对稳定的价值观，单纯依靠"说服性教育"可能收效甚微。因此，要充分发挥大学生的主观能动性，促使其进行自我教育。结合"压力调节模式"，引导大学生合理规划自己的生活，掌握缓解压力的各种方法，保持健康的生活状态；引导大学生通过阅读一些心理学、哲学的经典名著，并开展符合自身特点和水平的心理素质训练，增加自身应对心理问题的经验；积极参加各项对心理健康有益的活动，搭建专业心理资源网络平台，充分利用社会资源等。

（二）从学校环境方面改善大学生心理健康状况的策略

1. 重视校园文化建设，营造良好的学习氛围

校园文化作为一种隐性课程对学生的身心健康发展时刻产生影响。大学校园应该是充满活力与希望，能够为每位学生提供学习平台的地方；是一个重视学生的各种能力全面发展；是一个学生能够快乐学习，迅速成长的地方。因此，构建良好的校园文化氛围是改善大学生心理健康状况不可缺少的一个环节。

2. 重视学生的生涯规划进程，帮助学生确定发展目标

很多学生在读大学时，对自己所读专业的未来发展情况是非常模糊的。因此，学校应该积极地开展职业生涯规划与选课辅导，特别是大一新生的辅导员，要利用好新生座谈、班会、学生会活动、学术演讲等机会，由学长、研究生介绍自己的学习生涯规划过程，帮助新生制定职业生涯规划。只有当学生的职业生涯规划目标较为明确时，学生才能更有学习动力，其心理健康状况也会有所改善。

3. 积极宣传校内心理健康工作，提高学生的心理适应能力

学校心理咨询中心并非只对有心理问题的学生或是处于危机中的学生服务。当学生心中有困惑或对校园生活感到不适应或想帮助自己实现目标时，都可以主动到心理咨询中心寻求各项免费的专业咨询服务。心理咨询中心要开展学生的个别咨询、团体咨询、新生筛查、自我探索、职业生涯规划等服务工作。心理健康社团要开展影片欣赏、书籍借阅、心理健康推广等工作。二者应相互配合，通过心理健康的三级预防模式来帮助学生提高心理适应能力，及早解决大学生的心理问题。

第三节 高校体育与大学生心理健康的互动研究

高校体育与大学生心理健康关系密切。如何在高校体育中融入心理健康教育，促进高校体育与心理健康教育的互动，既是高校心理健康教育的一个研究课题，也是高校体育工作者亟待研究与解决的问题。本节在探讨大学生心理健康水平与其体质、锻炼活动和身体结构的关系的基础上，遵循"面向全体大学生，以素质教育为理念，发挥高校体育与心理健康教育资源优势，增强大学生体质，提高其心理健康水平，促进其全面发展"的总体指导思想，从高校体育和大学生心理健康互动研究的理论依据及互动模式的基本建构方面，探讨和设计高校体育与大学生心理健康的互动模式。

一、高校体育和大学生心理健康互动研究的理论依据

（一）以全面发展的教育方针为依据

高校体育和大学生心理健康教育是全面发展教育的重要组成部分，它们与整个高等教育构成一个互相联系、互相贯通的大体系。"全面发展"是党与国家的教育方针，是对高等教育工作的基本要求。"德、智、体、美"是"全面发展"的主要内容，其中体育是全面发展的基础，心理健康是全面发展的保证。高校体育在教育目标、教育功能上和心理健康教育在某些方面有交叉重叠之处；心理健康教育是改善大学生健康状况的重要内容，而参加体育运动要求大学生必须具备良好的心理素质。因此，开展大学生心理健康教育可以

为高校体育工作的实施与发展打下良好的心理基础；体育教学效果的提升能促进大学生心理健康教育工作顺利开展。

（二）以大学生身心发展规律为依据

遵循大学生的身心发展规律是高校体育和大学生心理健康教育工作能够实现互动的基本前提。大学生的心理健康依赖于身心的全面发展，生理上的发展为他们心理的发展提供了保障。大学生的生理已经基本趋于成熟，但心理发展尚未完全成熟，许多大学生的心理素质较差。因此，大学生在成长过程中遇到困难，有可能形成各种各样的心理问题；但这些问题往往是发展性的，是成长中不可避免的，是一个从量变到质变的、对立统一的发展过程。

（三）以社会对人才的需求为依据

培养高素质的人才是时代和社会对高校教育提出的要求，具备良好的心理素质是现代社会对人才的基本要求。随着科学技术的迅猛发展，随着知识经济时代的到来，社会对人才的素质的要求更高了。例如，社会对大学生的进取精神、社会适应能力、创新能力、社会责任感、使命感等提出了更高的要求，这些素质大部分是属于心理素质范畴的。只有心理健康的大学生，才能拥有良好的智力、顽强的意志品质和稳定的情绪；才能正确对待暂时的失败和挫折，排除各种干扰，更好地投入学习中，并实现全面发展，从而成为社会需要的人才。

二、高校体育和大学生心理健康互动模式的基本建构

充分挖掘高校体育的教育资源，深入开展大学生心理健康教育教学活动，既需要有关职能部门统筹规划，组织协调，又需要各部门明确分工，密切配合；既需要相关教师相互交流与沟通，实现优势互补，又需要多方面的配合和支持，形成合力。建构科学、系统的互动模式是高校体育和大学生心理健康教育实现互动的基础保障。基于调查研究和专家访谈的结果，笔者认为，目前，要促进高校体育与大学生心理健康教育的互动，应着力建立健全以下三大体系。

（一）建立立体化的组织领导体系

高校体育和大学生心理健康教育要实现有效互动，必须建立一个立体化的工作管理体系，加强领导，从不同层面、角度、渠道开展工作。具体来说，学校要成立大学生心理健康教育领导小组，实行统一领导，由校领导担任组长，由学生工作处、团委、教务处、宣传部、后勤部门和各院系的负责人担任组员。领导小组负责指导和协调全校大学生的心理健康教育工作。

（二）促进师资队伍素质提高的互动机制

高校体育与大学生心理健康教育能否实现有效互动，很大程度上取决于体育和心理健康教育教师队伍的心理素质和专业素养；但目前心理健康教育和高校体育师资队伍的专业素养，还远远不能满足素质教育的客观要求。为此，必须从提高教师自身的心理素质和专业素养两方面加强心理健康教育和高校体育师资队伍建设。在提高教师自身的心理素质方面，主要可以采取以下两条途径；第一，通过教师自身的努力学习，不断提高其自身的思想道德修养水平和心理健康水平；第二，在心理健康教育中心的组织协调下，加强心理健康教育教师和体育教师之间的交流和互动，通过教师之间的优势互补，共同提高教师心理素质。在提高教师的专业素养方面，主要可以采取以下几种办法：第一，定期培训与考核；第二，加强教研活动；第三，合理配置师资力量。

（三）提高教学效果的运作体系

1. 大学生心理健康状况信息的收集与反馈

第一，制订科学的大学生心理健康普查方案，积极开展心理健康普查工作。新生一入学，全面开展心理健康普查工作，为每一位大学生建立心理健康档案；对普查中发现存在心理问题的学生，要加强跟踪辅导，加强大学生心理健康教育，对存在心理问题的大学生进行干预治疗。第二，加强对大学生心理健康状况的信息收集。除通过心理普查这条渠道收集大学生的心理健康信息外，任课教师和相关管理人员在平时的教学和管理工作中，如果发现有学生出现心理问题，或学生出现心理变化，应及时将信息传递给心理健康教育中心，由专人对信息进行归类、分析、处理和存档。第三，建立顺畅、有序的心理健康信息反馈机制。心理问题涉及大学生的隐私，因此，相关人员在反馈心理健康信息时，应做到传递有序，范围适度。具体来说，共性的心理健康信息应及时传递给教师和管理者，严重的心理障碍者的信息则应反馈给心理咨询机构、治疗中心和相关的管理人员。

2. 高校体育与心理健康教育互动的渠道选择

第一，重视高校体育与心理健康教育课堂教学的主渠道、主阵地作用。在深化体育教学内容改革，丰富心理健康教学内容的基础上，通过课堂教学普及心理健康知识，传授解决心理问题的方法，帮助大学生解决心理问题。第二，充分发挥课外体育、运动竞赛和非心理健康教育课堂的作用。根据大学生在不同发展阶段普遍存在的心理问题，适时举办集体活动，组织多种形式的讲座和报告，帮助学生答疑解惑。例如，对新生进行心理健康教育的重点，应放在尽快适应新环境和人际交往问题上，帮助大学生完成从中学到大学的转变等；针对大二、大三年级的学生，则应帮助他们解决就业前景等方面的困惑；针对毕业生的教育内容，主要是职业生涯规划。第三，营造文明健康的校园体育文化氛围。校园体育文化是学校特有的一种文化现象。健康、积极、向上的校园体育文化氛围会潜移默化地增强学生的心理素质，促进体育活动的顺利开展。高校要利用校园广播、互联网、校报等宣传媒体，宣传体育知识，普及心理健康知识。第四，积极扶持大学生群体社团，以大学生喜爱的运动项目为载体，开展各种丰富多彩的文体活动和心理健康教育活动，使大学生的心理健康教育和高校体育范围不再囿于传统模式。

综上可知，高校体育与大学生心理健康教育的互动模式建构应重点围绕组织领导体系、师资队伍建设和互动运作体系三大系统进行。首先，学校成立大学生心理健康教育领导小组，实行统一领导，下设大学生心理健康教育中心，指导大学生心理健康教育和辅导工作的开展和实施；其次，从提高教师自身的心理素质和专业素养两个方面来加强师资队伍建设；最后，寻找高校体育与心理健康教育的结合点，全方位地开展心理健康教育。

第二章 心理健康教育的方法研究

第一节 构建心理危机干预系统

20世纪90年代末,世界卫生组织的专家曾指出,从现在到21世纪中叶,没有任何一种灾难能像心理危机那样给人们带来持续而深刻的痛苦。人类已从"传染疾病时代""躯体疾病时代"步入了"精神疾病时代"。越来越多的青年有机会进入大学,接受高等教育。大学生开始面对来自学业、就业、生活的压力。

根据心理危机理论,探讨大学生心理危机的特点,构建大学生心理危机干预系统,对于减轻大学生的心理压力,提高大学生自身的心理素质,构建和谐校园有非常重要的意义。

一、心理危机和危机干预的概念

大学生的心理危机主要是指在学习和生活中出现的中至重度抑郁、严重焦虑、极度冲动、吸毒、酗酒、突发精神疾病,以及遭遇罕见或超常事件(如突发重大疾病、家庭内的重大变故等)且无法预测和控制时出现的心理危机状态。大学生出现心理危机有下列三个标志:发生使大学生产生较大心理压力的事件;出现一些不适的感觉,但尚未达到精神疾病程度,不符合任何精神疾病诊断;依靠自身能力无法应付的困境。

危机干预,又称为危机介入、危机管理或危机调解。我国学者季建林认为,危机干预是一种通过调动处于危机之中的个体的自身潜能,来重建或恢复危机出现前的心理平衡的心理咨询和治疗技术。另一位学者马湘培认为,危机干预是提供紧急支援(社会支持),帮助当事人渡过难关,重建心理平衡与获得健康。危机干预不同于一般的心理咨询和治疗,是一种特殊的心理咨询服务,一种在紧急情况下的短程心理治疗。

心理危机干预的理想目标是增强个体抵御危机的能力,培养其健全的心理机能,促进其成长和发展。与普通心理咨询相比,心理危机干预的突出特点是心理治疗的及时性、迅速性,有效的行动是心理治疗的关键。

二、大学生心理危机的类型

心理学家应用危机理论，把危机分为发展性危机、境遇性危机、生存性危机。发展性危机是指正常成长过程中，急剧的变化或转变所导致的异常反应。境遇性危机是指出现罕见或超常事件，且无法预测和控制时出现的危机，具有随机性、突然性、震撼性、灾难性和不可预见性。而生存性危机是指存在性危机，伴随着重要的人生问题，如关于人生目的、责任、独立性、自由和承诺等出现的内部冲突和焦虑。

心理危机的产生是应激源和个体易感性共同作用的结果。大学生个体所处的内外环境是不断变化的，而大学生个体也处于不断进行自我调整的时期。在学习和生活中，他们总是会面临一些无法应对的情况，如家庭矛盾、经济压力、失恋、人际关系困难等，这些事件都有可能成为诱发他们心理危机的应激源。对一些同学而言，由于受到个人的生活经验、教育背景等的影响，一些在其他人看来很小的事件，就有可能使他们陷入心理危机。

三、积极构建大学生心理危机干预体系

目前，高校对大学生心理危机干预的主要工作有：建立大学生心理咨询中心，进行理论研究；开通心理危机干预热线，进行实践干预；建立一定的心理危机预防、干预、快速反应机制等。建立大学生心理危机干预体系，包括设置心理危机干预机构，建立心理危机干预制度等。其中，首要的任务是要设立危机干预中心，明确各部门的职责和任务，形成一套完善的运行机制。其次，是要加强制度建设，如建立大学生心理健康普查制度、心理咨询值班及管理制度、大学生心理健康汇报制度、心理危机干预制度。

（一）建立大学生心理危机干预中心

心理危机干预中心的两大职能是预防和干预。大学生心理危机的干预工作要立足教育，重在预防。为了使心理危机干预工作能够顺利开展，首先，高校应该成立大学生心理危机干预工作领导小组，获得政策支持和制度保障。同时，设立大学生心理危机干预中心，在大学生心理危机干预工作领导小组的指导下，统筹高校各方面资源，协调各部门，总体规划大学生心理危机干预工作，制定心理危机干预的方案、细则。在各系、部设立大学生心理危机干预小组，将心理危机预警系统向系、部、班级延伸。

第一，开展大学生心理健康状况普查工作，建立在校生心理健康档案。密切关注大学生的心理发展情况，对容易出现心理危机的高危人群做出及时评估、诊断和预警，建立干预对象档案库，并定期追踪观察，做到及时发现，及时指导，及时帮助。

第二，要促进心理危机自救知识在大学生中的普及和推广。通过开展心理危机专题讲座，使大学生对于心理危机的含义、特征和症状表现有基本的了解，掌握一定的心理危机

救助技巧。

第三，开展多种形式的心理咨询。除了进行常规的面对面心理咨询之外，还应开设危机求助热线，开展电话咨询，以及借助网络开展网络咨询等。这样，出现心理危机的大学生，既可以不暴露自己，又可以充分敞开心扉，有效地化解心理危机。

第四，要及时为处于心理危机中的大学生提供心理危机援助，必要时进行转诊；并做好处于心理危机中的大学生的跟踪援助工作，帮助大学生解决心理危机，使其心态平和，重新回归正常的学习和生活状态。

（二）加强大学生心理危机干预队伍的专业化建设

心理危机干预不同于一般的心理帮助服务，它具有医学、心理、社会的复合性，没有相关专业知识和技能的人是难以胜任该项工作的。高校要成立大学生心理危机干预队伍，从保卫部门、校医院、学工处、心理健康教育及心理咨询中心选拔人员，并对他们开展危机干预知识和技能、技巧培训；要增强他们的职业素质和道德素质。同时，大学生心理危机干预队伍的教师要有稳定的心理素质和充沛的精力；要能真诚、热情地帮助当事人，并始终如一；要学会调节自己的情绪，保持良好的精神状态。大学生心理危机干预必须走专业化道路，坚持高起点原则，才能逐步提高心理危机干预的能力和水平。同时，大学生心理危机干预队伍应加强同精神专科医院、社会心理危机干预机构的联系与合作，共同为大学生服务。

（三）建立大学生心理危机干预动态预警机制

建立大学生心理危机干预动态预警机制，是引导学生正确认识心理危机，理性处理心理危机，使大学生恢复平和的心态的重要措施。为了及时了解大学生的情况，可在每班设一名"心理委员"，即班级心理健康联络员，是心理危机干预队伍的重要组成部分。心理委员负责心理健康信息的上传下达，重点关注本班学生的心理状况。要发挥心理委员的预警作用，首先要做好班级心理委员的培训工作。心理委员要建立预警信息动态的评估制度，保证当大学生出现心理危机时，根据学生心理危机的评定参考标准，评价其心理危机的严重程度，确定是否进行上报，从而采取及时有效的措施。设班级心理委员，是创建心理危机干预动态预警机制的基础，是完善心理危机预警系统的重要举措。

（四）建立心理危机处理机制

一旦发生突发性危机事件，心理危机处理系统的运行状况就直接关系到当事人的心理状态，甚至生命。大学生心理危机大多发生在校内。一旦学生出现心理危机，心理危机干预人员就要根据预案迅速行动，迅速采取措施，同时上报大学生心理危机干预领导小组，并通知家长共同处理。如果大学生的心理危机进一步恶化，已超过学校和家长所能解决的范围，学校和家长需要当机立断，迅速请求专业心理治疗机构介入。大学生心理危机干预队伍还要做好以下两方面工作：

首先，要对渡过心理危机的学生继续进行心理危机援助。要给予学生心理上的支持和学习、生活上的关怀，使学生真正从危机事件中恢复，回归正常的生活中。如果心理危机没有得到恰当的处理，即使当事人对心理危机进行了有效的控制，它也会在当事人的生活中反复出现，对当事人会产生巨大的影响。一旦新的刺激出现，就会把当事人带回到危急状态之中。

其次，对于与危机事件有关的学生进行帮助和治疗。这些学生或是参与或目睹了危机事件，或是与危机事件当事人关系密切的同学、朋友等，危机事件也对他们的学习和生活产生极大的影响。但是，在实际工作中，由于种种原因，人们往往忽视了这些同学的心理危机，使他们没有得到关注和帮助。例如，自杀学生的室友，他们会对自杀同学的行为感到惊讶、困惑、后悔或自责，甚至恐惧，这些情绪都会极大地影响他们的学习和生活。因此，对与危机事件有关的学生进行心理危机干预也是非常必要的。心理危机干预不仅要帮助他们接受这个事件，而且还要通过危机后的干预使他们能够帮助其他人。

（五）加强对大学生的心理素质教育

随着社会经济的发展，高校教育从注重对学生的知识、技能的培养转变为注重学生的全面发展上来。高校需要重点培养学生的心理素质、身体素质、科学文化素质、职业素质等多种素质，转变思路，促进学生的全面发展。在学生就业方面，高校需要从过去单纯的管理转向支持、引导，加强学生的自我管理，按照"学会学习、学会思考、学会生活"的目标塑造符合社会发展的新型人才。

高校要构建尊重学生、理解学生、关心学生的育人氛围，帮助学生养成自我调整、自我行为约束、自我管理的好习惯。加大对大学生心理健康教育的力度，积极营造有利于学生健康成长的校园文化环境，使大学生实现全面发展。

（六）培养大学生应对危机的能力

心理危机干预机制与自我认知有着密切的关系，如果一个人能够建立正确的自我认知，很多心理危机就会迎刃而解。心理危机是个人成长的伴生物，人的成长就是在心理危机中一次次的自我突破与自我提升，是一次次克服挫折与失败的阻碍而实现快速成长的过程，更是逐渐完善自我的过程。因此，正确地认识心理危机，以心理危机为契机，就可能在心理危机干预的过程中实现自我成长。

心理危机干预在干预之外，更要注重预防，要通过各种方法和手段提高学生对于心理危机的抵抗能力。高校要向学生宣传、普及心理健康知识，使其了解自身的情况，了解心理健康对成长、成才的重要意义；要向学生介绍保持心理健康的方法，使学生掌握科学、有效的学习方法，养成良好的学习习惯，积极开发自身的潜能，培养创新精神和实践能力；要向学生传授心理调适的方法，使学生学会心理调适，有效消除心理困惑，自觉培养坚韧不拔的意志和艰苦奋斗的精神，提高承受和应对挫折的能力；要为学生解析心理异常现象，使学生了解常见心理问题的主要表现及其产生的原因，以科学的态度应对各种心理问题，提高学生应对心理危机的能力。

第二节　构建心理健康测评系统

为提高心理健康教育水平，高校可采用合作学习的方法对学生的心理健康水平进行研究，根据相关的测评结论，构建心理健康测评系统。某校经济管理干部学院在体育教学中采用合作学习的教学方法，其有关于学生心理健康的研究取得了重要成果。

一、研究的基本内容和方法

（一）研究内容

本节的研究是以体育教学为载体，以合作学习教学法为手段，对大学生的心理健康水平，包括认知能力、情绪调节能力、人际交往能力、抵御挫折的能力、环境适应能力等进行研究。

（二）研究对象

经济职业技术学院2020级体育专业上健美操课的学生。

（三）研究方法

1. 问卷调查法

研究工具为事先编制的心理健康水平调查问卷，分为认知、个性、情绪、交往与责任、挫折五个方面。该问卷能较全面地反映大学生心理健康水平，可以作为本课题的研究工具。

2. 文献资料法

查阅相关研究的文献书籍十部，相关杂志文献二十余篇，并利用网络对相关资料进行了查询，以此吸取前人的研究经验，作为理论基础。

3. 访谈法

请教相关专家对研究方案设计进行了可行性论证，在实验中访问了相关学生的辅导员、任课教师、学生社团负责人，旨在了解研究对象的心理健康的变化情况。

4. 数据统计法

对取得的数据进行归纳、整理和统计。

5. 实验法

将 70 名学生分为实验班 35 人，对照班 35 人，两个班的教学内容和教学课时数相同；对照班采用常规教学，实验班采用合作学习教学法和相应的评价方法进行教学。问卷填表前给被测者统一的指导语，要求其真实填写调查问卷；实验前后共发放问卷 70 份，回收率为 100%，用测量—再测量的方法进行可信度检验。

6. 比较法

通过实验班与对照班的比较，鉴别其差别的显著性。

（四）实验时间

2020 年 10 月至 2021 年 1 月，进行 15 周教学，每周 2 学时。

二、实验过程和结果分析

（一）实验过程

1. 基本技术教学

课前采用强弱异质化的分组原理，根据学生上学期的体育成绩，采取前后搭配不断向中间过渡的分组形式。将学生分为 3 至 4 人一组，初步学习时在组内结对，当同一小组的两对都能完成动作后，他们就加入整个小组的互动中，在小组的互动中提出新的目标，共同完成。

2. 基本技能教学

将学生分为 4 至 6 人（异质化）一组，给予学生担任领导者的机会。例如，由学生轮流担任见习教师、体委、小组长等角色。教育学生互相支持、积极配合。在教学中，给予一定的小组讨论和互动的时间，让学生在讨论中对体育技术和理论有更深的理解。在教学中，教师要抓住时机，合理地进行心理健康教育。

3. 能力展示教学

通过小组间的表演比赛，培养学生的合作与竞争意识，使其能正确认识胜利和失败，把握好自己的心态。在比赛时，将学生有目的地进行分组和角色分配，如教练员、队员、队长、裁判员等角色分配。通过角色的互换，使每个学生认识到每个角色的重要性，从而改善人际关系，学会尊重自己和尊重他人，同时也能体现自身的价值，促进学生全面发展。

4. 成绩评价方法

成绩评价由学生自我评价、学生相互评价、教师评价三部分组成。评价内容分为体能、专项知识与技能、学习态度、合作精神、体育道德规范等。在评价时要兼顾学生的学习过程、学习结果以及学生的心理健康水平。

（二）结果与分析

1. 实验结果

实验班的学生在认知、个性、情绪、交往、挫折等方面的能力明显高于对照班。除挫折外，其他能力具有明显的差异，在认知和个性上，实验班学生的调节情绪的能力、交往、责任方面与对照班相比，有非常明显变化；合作教学法对大学生的心理健康水平产生了积极的影响。

2. 分析

第一，认知方面。认知是指大学生的认识过程，是刺激和反应的结果。认知是否合理，直接影响人的心理健康水平。心理专家认为，人的大部分情绪困扰和心理问题都来源于对环境、对他人、对自己认知的不科学和不合理。因此，培养人的认知能力是非常重要的。本研究中的实验班，体育教学运用合作学习教学法为培养学生的认知能力提供了具体情境。

第二，个性方面。美国心理学家马斯洛认为，人的个性发展最完善、最高级的形式，就是健康的个性。研究个性，离不开活动。体育教学是人的行为活动，合作学习这种富有创造性的体育教学方式对学生的个性发展起着积极的促进作用。在合作学习中，无论是小组学习还是组间表演比赛，每个学生的思维活动与机体活动紧密结合，他们的个性充分地显示出来，并得到充分的发展。在合作学习中，不同的分工产生不同的角色，运动又在改造着个性，尤其是对人的性格、意志、情感等心理特征起到积极的作用。同时，团体取得胜利，学生可以从中品尝到胜利的喜悦，得到心理满足，进而证明了自己的能力，增强了自信。

第三，情绪、情感方面。积极的情感教育能促进学生身心的健康发展。有关研究表明：在环境引起的各种心理刺激中，人首先产生各种形式的情绪情感反应，如焦虑、悲伤、愤怒等。在体育教学中，帮助学生消除消极的情绪，产生积极的情绪，对提高学生的心理健康水平非常重要。在合作学习中，许多大学生在练习的过程中经常面带微笑，心情愉快，而且学习气氛非常轻松愉快，在交流中也感受到了学习的快乐。同时，在教师的引导下，学生学会控制情绪，提高应激能力及培养高尚的情操。本实验中，实验班学生的健康情感和情绪调控能力与对照班相比，具有非常明显的变化。

第四，交往、责任方面。合作学习强调小组学习目标和个人的责任，成员都会为共同的目标而努力、共同进步。合作学习能增强交往的主动性和积极性，很好地协调人际关系。在合作学习中，学生能正确了解人际交往中的种种偏见，正确了解同学和评价同学，从而提高自己的修养，学会在交往中调节自己的情绪，使同学之间的关系更加融洽。另外，这种学习方式是团体心理治疗的认知疗法和行为疗法在体育教学中的运用，它有效地预防了心理问题的发生。实验结果表明：实验班学生的交往能力的提高，与对照班相比差异非常明显。

第五，挫折方面。通过体育教学竞赛使大学生提高了承受挫折与失败的能力。体育竞赛有自己的规则，这有利于培养大学生的纪律性、公平竞争的意识、创新意识以及进取精神。竞赛时的运动强度和节奏对人的心理会产生一定的影响，使人的神经系统兴奋点发生转移，进而缓解心理的紧张状态，缓解身心的疲劳，为各种消极情绪提供了一个合理的发泄口。由此可见，体育竞赛也是预防和解决大学生心理健康问题的有效手段之一。

三、结论与建议

第一，大学生心理健康教育不仅应注重知识的掌握，更应注重能力的培养。因此，建议教师应从不同的途径提高大学生的心理健康水平。

第二，符合心理发展的体育教学方法，有助于大学生对心理健康知识的掌握和心理健康水平的提高。

第三，合作学习教学法能有效地提高大学生的认知能力和情绪调节能力，培养大学生积极进取的品格和坚强的意志，使大学生学会沟通、交流、协作，在学习中建立起积极的、相互支持的同伴关系；同时，可以提高大学生的竞争意识、适应各种环境的能力及应对困难的能力，使大学生明白自己肩负的责任和义务；有助于大学生学会关心集体、尊重他人、团结友爱、遵纪守法。

第四，符合心理发展的体育教学方法和与之相适应的评价方法相结合，更有利于大学生心理健康水平的提高。

第五，教学有法，法无定法。建议教师结合大学生的具体实际，有效地应用适合其心理发展的教学方法，并进行优化组合，提高大学生的心理健康水平。

第三节　建立和谐的师生关系

个体的认知、情绪情感和意志都要经历发生、发展和结束的不同阶段。对于认知系统尚不完善，情绪情感体验丰富，但意志相对薄弱的大学生来讲，高校校园文化能有效地改善学生的认知结构，调节学生的情绪，激发他们的学习积极性，磨炼其意志。高校文化中那些先进的理念，对于学生形成正确的职业观影响很大。成功人士的示范，能有效激发学生的学习动力。高校文化中的实践体验课程，对于磨炼学生的意志，培养他们吃苦耐劳、敬业奉献的高尚情操有重要的作用。研究表明，环境的影响是巨大的。学生在特定的文化氛围中，通过感知不同的思想理念，丰富与改善个体已有的经验，在参与不同的文化活动中，体验着不同的情感，同时，有利于培养意志力。目前，个别学校有针对性地开展挫折教育，这种教育氛围对培养学生意志力，促进大学生心理健康教育影响很大。由此可见，校园文化会对学生的心理健康产生重要的影响。

个性是创造的源泉。尊重学生的个性，创设安全、自由、和谐的校园环境，是学生个性发展的外在条件保障。要使学生保持良好的心理状态，让学生感到"心理安全"和"心理自由"，就必须使学生认同这种尊重个性的环境，产生安全感，没有任何戒备心理，不必为自己新奇的想法和做法感到担心，能够比较自由地进行思考。如果学生产生了心理压力，失去了安全感，就会失去信心，甚至产生焦虑不安的情绪。因此，创造和谐的心理环境，保持密切的师生关系，使学生心情舒畅，保持良好的心理状态非常重要。创设和谐的心理环境，满足学生的发展需求，才能提高学生的心理健康水平，促进学生快速成长。因此，心理健康教育要充分尊重学生的个体差异，建立和谐的师生关系，以提高教学效率。

一、在尊重学生的前提下，接受学生的个体差异

和谐的师生关系是开展一切教育活动的基础。缺少这一基础，教育活动就无法深入进行，更无法取得预期的效果。建立和谐的师生关系的原则是尊重、真实、接受和理解。

（一）尊重学生

按照马斯洛的观点，尊重是人类较高层次的需求。尊重学生，就是尊重学生的人格，充分认识到他们的独立性；就是尊重学生的创新意识、创新思维，不打击、挖苦学生的一些新奇的想法，帮其分析其中的可行性，并帮助学生将想法付诸实践；就是尊重学生的隐私，每个人都有自己的隐私，没有得到学生的同意，任何人都没有权利将其传播出去。

（二）接受学生的缺点

任何事物都有两面性，世界上任何人都不会十全十美，学生也是如此，教师要允许学生有缺点、犯错误。要是学生都是完美的，那教师就没有存在的必要了。教师不能苛求学生，不能因为学生表现出的一些缺点，就剥夺他接受教育的权利。教育的目的就是使学生更成熟，而不是完美。

（三）理解学生

良好的师生关系的建立，需要教师经常与学生沟通，学会倾听学生的心声，获取第一手真实、可靠的信息。这样才能对学生的行为做出准确的判断，分清思想问题与心理问题，找准问题的根源，进而采用相应的教育手段进行干预和引导。在实际工作中，教师通过一些简单的团体活动，既可以使师生关系更加融洽，增加师生间的信任和了解；又可以培养学生的沟通能力。

二、激发学生的自我意识

自我意识是一个人对自己的认识和评价，包括对自己的心理倾向、个性心理特征和心

理过程的认识与评价。人由于具有自我意识，所以能够控制自己的行为。自我意识影响着人的道德判断和个性的形成。在学习中，这种自我意识、自我监督、自我检查、自我调节和自我修正的认知，实质上是一种反馈活动，对学生学习成绩的提高有着重要的意义。在思想政治教育中运用心理学，目的就是激发学生的这种自我意识，促使其不断地自我发展、自我完善。具体来讲，可以使用以下方法：

（一）让学生知道"我"是谁

"人贵有自知之明"，全面而正确的自我认知是培养自我意识的基础。自我认知是从多角度建立的，既有对自己的认识与评价，又有他人的评价。我们可以通过一些活动帮助学生正确地认识自己。对自己的评价与认识可以通过"20个我是谁"、自我分析报告、乔韩窗口理论等活动来进行，引导学生关注自己、剖析自己。在此基础上，让他们再进一步思考，自己认为别人是怎么看待自己、评价自己的，通过"人际关系中的自我"等活动促使学生更加全面地认识自我。

1. 20个我是谁

连续让学生回答"我是谁"？当他说出一些众所周知的特征时，如"我是男人"，教师要告诉大家，这种回答不反映个人特征，应尽量选择一些能反映个人风格的语句，然后教师让大家开始边思考，边回答"我是谁"这个问题，至少写出20个答案。当教师看到最后一位放下笔时，请小组成员在小组内交流。每个人都抱着理解他人的态度去认识小组内的人。最后教师请每个小组代表发言，交流活动的感受。

2. 乔韩窗口理论

美国心理学家约翰·威廉·阿特金森和哈利·哈洛提出的关于人的自我认识的窗口理论，被称为乔韩窗口理论。他们认为人对自己的认识是一个不断探索的过程，因为每个人的自我都有四部分：公开的自我、盲目的自我、秘密的自我和未知的自我。教师就是要创造机会和条件让学生展现自我，通过他人的反馈，了解自己的另外一面，即自己没有察觉，同时不易被自己接纳的一面。而心理咨询中的团体咨询正好可以提供这个机会，使成员在轻松愉快的氛围中，毫不伪装地、真诚地表现自己，同时获得真诚的反馈，更全面、更深刻地认识自己。而团体咨询中的这些团体活动，可以应用到教学活动中，使心理教育的形式更加灵活，对学生的吸引力更强，对学生的帮助更大。

3. 人际关系中的我

每人发一张表，思考后填写，填完大家一起交流。填写的过程会反映出学生不同的心态。教师要特别注意：学生对哪一个人的看法最重视？为什么？最难填写的是什么？为什么会有人填不出来？学生填的内容是正面的还是负面的？然后引导学生进行探索。这个活动可以使学生从多角度认识自我，有助于其全面认识自己。同时，也可以使学生在他人的鼓励下进行深入的自我探索。

（二）让学生明白我就是我

一个人只有在正确的自我认知的基础上，学会接纳自我，才能实现有效的自我控制。因此，学会自我接纳是关键所在。接纳自我首先要接纳自己、喜欢自己、欣赏自己、寻找自我的特点，在此基础上体验幸福感与满足感；其次是理智与客观地对待自己的长处与不足，冷静地看待得与失。教师的任务就是帮助学生发现自己的闪光点。

首先，让学生明白每个人的生命都是有价值的。教师要引导学生认识到：人生路上，我们也会无数次被逆境击倒，但无论发生什么，或将要发生什么，我们永远都有价值。要使学生明白：生命的价值取决于我们本身，每个人都是有价值的个体。

其次，引导学生发现自己的优点。对学生，尤其是那些自卑的学生进行教育的关键，是让其发现自身的优点，并学会发挥自己的优势。很多自卑的学生之所以自卑，是因为他们的比较对象出了问题。他们总是用自己的缺点和别人的优点去比，用自己的短处和别人的长处去比较，却从来不知道自己也有优点，也有长处，那就更谈不上接纳并且欣赏自己了。因此，针对这种情况，要通过一些教育辅导活动，让学生发现自己的优点，从而发挥自身的潜力，取得更大的进步。

（三）让学生关注自我成长

成长需要不断地自我反思。教师要让学生明白：自我体验永远是个体的，当我们在分享他人成长的硕果时，也在促使自己成长。

综上可知，在开展大学生心理健康教育的过程中，教师要充分尊重学生的个性，建立良好的师生关系，开展多姿多彩的课内外活动，努力激发学生的自我意识，以此来不断提升大学生心理健康教育的效果。

第三章　发展大学生心理健康教育的策略

第一节　构建和谐文明的校园环境

和谐文明的校园环境是校园文化建设的重要内容，也是影响大学生心理健康教育发展的重要条件。高校在校园建设中应按党中央的要求，做到"以科学的理论武装人，以正确的舆论引导人，以高尚的精神塑造人，以优秀的作品鼓舞人"，搞好宣传、教育和引导工作。和谐文明的校园环境，能使学生自觉地严格要求自己，提高学生的心理调节能力，使人与人之间保持和谐的人际关系，有利于学生之间加强沟通，相互帮助，有利于学生保持一个平和的心态。

和谐，是人类孜孜以求的理想社会状态。社会由众多单元组成，只有各个小单元和谐，社会整体才能和谐。作为教育工作者，我们必须紧紧围绕"以加快发展推进和谐，以先进文化孕育和谐，以民主法治和平安创建保障和谐，以环境建设促进和谐，以先进性引领和谐"的理念，认真思考如何建设好和谐校园。

一、组建团结的学校领导班子是创建和谐校园的关键

和谐校园的构建，教师是根本，班子是关键。学校的领导班子是学校各项工作的设计者、组织者和带头人。只有有了学校领导班子的正确领导，全校师生员工才能团结一致，形成最大的合力。因此，抓好包括校级领导和中层干部在内的学校领导班子建设，就成了创建和谐校园的关键。

校长是领导班子的"班长"，是创建和谐校园的核心。从某种意义上说，有什么样的校长，就有什么样的学校。一位好的校长可以带出一所好的学校。"领导学校，首先是教育思想上的领导，其次才是行政上的领导。"这些教育思想应贯穿于校长的管理过程中。校长要淡化权力意识，既要发挥集体领导的方向性、引领性作用；又要分层管理，权责到人，充分发挥每名成员的聪明才智，使班子的整体效能最大化。校长要充分开发和利用学校的优势资源，明确学校的办学思想、办学目的和培养目标，使学校成为培养全面发展的人才的坚强阵地。

学校还应根据实际发展的需要，建立健全管理机制。领导班子要思想统一，目标一致，团结协作，职责分明，维持正常的教育教学秩序，共同构建和谐校园。

二、打造高素质的师资队伍是创建和谐校园的根本

教师是学校教育教学工作的实施者，是创建和谐校园的主体力量。因此，加强教师队伍的建设是和谐校园目标得以实现的根本。学校要以教师发展为本，制定能够促进教师专业能力提高的中长期目标。学校必须从教职工的长远发展出发，鼓励教师参加各类进修和业务培训，为教师提供学习的空间、发展的空间、创新的空间，激发教师的潜能。学校要辩证地看待教师的工作，承认教师的客观差异；要以尊重人、激励人、关爱人、发展人为前提，为每个教师的智慧和才能的发挥创造机会和条件，营造平等、融洽、和谐的环境，创设民主、积极向上的工作氛围。同时，要让教师参与学校的决策与管理；不以行政命令压抑教师的个性，让教师的精神和人格得到自由的发展。在教学活动中，高校要给教师充分的自主权，鼓励教师构建自己的教育理念。支持教师进行教改实验，形成自己的教学风格，让教师时时刻刻感到自己是学校的主人。使教师的职业意识、角色认同、教育理念、教学风格、价值取向等，与校园文化协调一致。浓郁而温馨的氛围，严谨高雅、务实进取的精神应成为学校文化的主流。任何一所学校，必须通过全体教师的共同努力，才能完成教书育人的重任。因此，学校应大力提倡同心同德，团结协作的精神。要注意让教职工在宽容、公平与公正的和谐氛围中竞争，培养他们的团队意识，从而提升教学效果。此外，学校在制定考核制度时应加以正确的引导。对部分教师过分重视各类的竞赛，过分重视个人荣誉的现象要予以纠正。学校要使教师认识到教师之间团结合作是搞好工作的关键。只有真诚地合作，才能出成绩。教师只有充分认识到集体的兴衰荣辱都关系到自己的切身利益，关系到莘莘学子的未来发展，才能更好地发挥自己在教学活动中的引领作用。

三、促进人的全面发展是创建和谐校园的核心

要创建和谐校园，学校领导必须转变观念，以人为本。学校领导应彻底改变单靠行政指令要求教师完成教学任务的做法，把各种任务、要求和教师的利益、发展的需要结合起来，营造融洽、和谐的校园环境。目前大多数学校的管理关注的是教学工作的结果，注重学校管理的效率，出现了对教师和学生的忽视，对人的创造潜能的忽视。管理的核心是管"人"，人是具有主观能动性的，如果过分强调制度，势必会产生人际关系紧张、气氛压抑的局面。因此，学校管理应体现人文精神，要充分尊重人、相信人，让每个人都感到自己的重要性；要通过沟通、换位思考、开展丰富多彩的校园活动、情感交流等多种方式，努力构建和谐的学校管理模式。教师的主人翁意识增强了，就会自觉地把自己和学校的发展紧密地结合在一起。

四、建立新型的师生、生生关系是创建和谐校园的重要内容

建立和谐的师生关系，是开展教育活动的前提。要努力在教师与学生之间建立起民主、平等、和谐为基本特征的新型师生关系；积极营造民主、和谐的学习氛围。师生之间应该是相互交流、相互启发、相互补充的关系，教师和学生要分享彼此的教学经验，实现教学相长。这就意味着师生关系要向着师生平等、互相合作、彼此尊重的方向发展。教师在与学生的交流过程中，要理解学生，尊重学生，这样才能建立一种互相信任、和谐共处的良好的师生关系。

在同学之间应建立起相互尊重、相互激励、相互学习的新型同学关系。学生在学校中度过的时间是比较长的，他只有与周围的同学建立良好的关系，才能在心理上产生安全感和归属感。由于每个学生的生活经历、爱好、个性的不同，导致他们对同一件事的看法不同，看法一致的学生容易形成一个小群体，对班集体产生一定的影响。这种现象，若不加以引导，往往会产生摩擦，破坏学生之间的关系。因此，教师要及时发挥引导作用，指导学生之间形成和谐的人际关系。例如，对待差生，应教育学生不要歧视、疏远他们，要伸出温暖的手拉他们一把，给他们迎头赶上的机会，让他们与班集体一同进步。教师还应增加学生间合作学习的机会，使他们长期处于良好的学习氛围中。同时，教师要注意自己的情感变化，要以积极的工作态度去感染、鞭策和激励学生，与学生平等、友好地相处。化解生生之间、师生之间的矛盾，创建和谐的成长环境。在提升科学文化素质的同时，通过各种有趣的活动，使学生的思想道德素质、心理素质、身体素质、专业素养都能得到全面提升；使学生在活动中互相学习，互相帮助，团结友爱，形成和谐的同学关系。教师要让学生认识到同学之间只有建立良好的关系，学习上互相帮助，取长补短，共同进步，才能对学生的学习、生活和心理健康发展有所帮助。

第二节 调整心理健康教育的教学策略

一、大学生心理健康教育模式的现状

目前，大学生心理健康教育的现状并不乐观。部分院校对大学生心理健康教育的重要性认识不到位，还未将大学生心理健康教育作为学生工作的重要组成部分纳入议事日程，领导体制与工作机制不健全。调查发现，近一半的高校未成立学生心理健康教育机构，超过1/3的高校没有专职或兼职心理咨询人员，大部分高校基本未对班主任和辅导员进行心理健康知识培训。部分高校虽然建立了心理健康教育机构，开展了心理咨询辅导工作，但

心理健康教育活动形式单一，针对性不强，宣传力度不够，没有积极组织大学生开展心理健康宣传活动，更未能形成教育与自我教育、课内与课外相结合的心理健康教育模式。

部分高校大学生心理健康教育机构没有经费支持。因此，我们必须清醒地认识到，大学生心理健康教育还没有得到足够重视。大学生的心理健康教育工作尚存在着一些不容忽视的问题。因此，构建多层次、多侧面、全方位的，能与大学生的身心发展规律和特点相适应的规范化和机制化的心理健康教育模式，是新形势下维护和促进大学生的心理健康，全面提高其心理素质的迫切需要。

二、大学生心理健康教育模式的改革策略

大学生心理健康教育无论是作为一项事业，或者是作为一个科研领域，都具有无限发展的性质，永远也不会停留在一个水平上。随着国际、国内客观环境的变化，思想观念的改变，以及东西方各种民族文化的大碰撞、大融合，大学生的思想意识、价值观念及其心理健康状况也必定是动态变化着的。引起这种变化的原因也是多方面的，既有宏观因素的影响，也有微观因素的影响；既有主观因素，也有客观因素；既有积极的因素，也有消极的因素。因而，必定会有许多新的热点问题需要我们去探索、研究和解决。

（一）加强理念研究工作

只有先进的理念，才能指导大学生心理健康教育。因此，进一步借鉴国外先进的大学生心理健康教育理念，并结合我国实际情况，形成适合当代大学生心理健康教育的新理念，是大学生心理健康教育的重要任务。

（二）加强教材建设及教学方法研究工作

目前，大学生心理健康教育的教材尚有不够完善的地方，需要根据我国大学生的实际情况，认真总结我国大学生心理健康教育的实践经验，按照新的要求、新的思路和新的标准修订教材。要编制图文并茂，既有理论指导又有实际案例，同时又深受学生欢迎的心理健康教育教材。此外，还要加大大学生心理健康教育教学方法的研究力度，既能做到全面系统，又能做到因材施教。

（三）加强队伍建设研究工作

鉴于心理健康教育的教师队伍和辅导员队伍仅有相对的稳定性，就总体而言始终处于新老交替的动态变化之中。因此，对这两支队伍的培训工作不可能是一劳永逸的，需要进一步从规范化和制度化的角度加以研究。

（四）加强对不同模式的研究

高校要注意根据大学生的心理特点制订心理健康教育教学计划，安排合理的课时数。在授课过程中，要适当引入实际案例，并进行讲解剖析，注重理论与实践相结合，注意调动学生的学习兴趣，加深学生对心理健康的理解和认识。让学生在情境中体验，在活动中领悟，注重培养学生积极、健康的心态，进而提高心理健康教育的教学效率。心理健康教育包括发展性教育和补救性教育。发展性教育主要是有目的、有计划地对学生的心理素质与心理健康进行培养，使学生的心理素质不断优化。补救性教育则主要是对心理处于不良状态或心理出现问题的学生进行专门的帮助，使之恢复正常状态。发展性教育主要面对正常发展的学生，是提高性的；而补救性教育则主要是面对心理出现问题的学生，是矫正性的。

针对大学生心理健康教育模式的各个组成部分及其运行机制，高校尚需建立必要的规章制度，使其更加规范，这样才能使大学生心理健康教育高质量发展。

（五）全员参与

大学生心理健康教育不是孤立存在的，而是一项多角度、全方位的系统工程，需要各院校相互配合，深入研究。特别是大学生"三观"的形成，仅靠德育工作者和心理健康教育教师是不够的，必须有广大教师结合各科教学的实际，形成全员参与的机制，才能发挥心理健康教育的作用。

（六）强化高校间的研究与合作，促进大学生心理健康整体水平的提高

大学生心理健康教育有自身的特点，也有许多共性的东西需要研究与探索。这就要加强高校间的交流与合作，营造良好的研究氛围，整体提高大学生心理健康教育水平。

三、几种促进大学生心理健康教育的模式

（一）利用一切资源宣传大学生心理健康知识

由于大学生面临的心理压力过大，导致校园暴力、酗酒、赌博等不良行为逐渐增多，因此，加强大学生心理健康教育刻不容缓。虽然目前很多人都逐渐意识到心理健康对于一个人全面发展的重要意义，但绝大多数人关于如何减轻心理压力，缓解不良情绪等心理健康知识知之甚少，尤其是大学生。因此，我们在对大学生进行心理健康教育时，应利用一切资源大力宣传心理健康知识。

1. 校园网络

利用学校网络制作专门针对大学生心理问题进行咨询的网页。网页可以按照心理问题的类型进行分类，如学业问题、情感问题、就业问题、人际交往问题等。每个板块都安排专业的心理咨询人员在线对学生的心理问题进行解答，通过网络的形式宣传心理健康知识。

2. 专家讲座

学校可以定期邀请心理学专家来学校开展心理学讲座，宣传关于心理健康的知识以及如何进行自我心理调节等。通过这种方式，让学生尽可能多地认识自己面临的心理问题，并积极通过咨询、自我调节等措施减轻心理负担。

（二）发挥课堂教学在心理健康教育中的重要作用

课堂是教师对大学生进行心理健康教育的主要场所，只有充分利用教学活动向学生传授有关心理健康的知识，并通过课堂上教师的实际行动改善学生的心理状况，才能够真正促进大学生的心理健康发展。

1. 将心理健康教育与思想政治教育相结合

在教学上，应将心理健康教育和思想政治教育结合起来，充分发挥二者的优势。一方面，教师应在心理健康教育过程中融入思想政治教育的内容，有针对性地对大学生进行人生观、价值观、世界观的教育，培养学生积极向上的人生态度，为其形成良好的心理素质打下坚实的基础；另一方面，在开展思想政治教学时，应避免单纯地讲解枯燥的政治知识，要善于利用心理辅导、心理咨询等方式提高思想政治教育的趣味性，使学生乐于学习。

2. 教学内容贴近学生的实际，提高学生学习的积极性

心理健康教育的内容应围绕大学生容易出现的心理问题展开，有针对性地对学生进行心理健康知识的讲解和心理辅导。大学生心理问题的复杂性，要求教师要根据学生的实际不断调整教学内容；尊重学生的个体差异性，不断提高心理健康教育的实际效果，真正做到促进学生心理健康发展。

3. 改革教学评价机制，提高教学效率

目前，许多大学将心理健康教育作为选修课，课程评价方式往往是写一篇小论文即可。评价方式过于随意，教师的不重视直接导致学生对心理健康教育的不重视。因此，在今后的心理健康教育中，应逐步改革以分数为主的评价机制，对心理健康课程的考核应该采取多种方式相结合的方法，侧重于考查学生应用心理健康知识分析并解决具体问题的能力；识记性的基础知识则不应成为考核的重点。只有这样，才能不断提高教师和学生对心理健康教育的重视程度。

第三节　重视思想政治教育工作

大学生心理健康教育作为一种育人手段，在我国只有几十年的历史。在20世纪80年代，没有人意识到心理健康教育与思想政治教育会有关联。因为，心理健康教育强调价值中立，与思想政治教育完全是互不相干的两个领域。到了20世纪90年代，有人提出心理

健康教育应该成为思想政治教育的一部分,这种观点引起了激烈的争论。然而,在心理健康教育的实践中,人们逐渐认识到二者的本质是一样的,最终的目标也是一致的。

一、大学生思想政治教育与心理健康教育相辅相成

思想政治教育离不开学生健康的心理状态。大学生心理健康教育通过调动大学生的情感因素,促进其道德品质的形成与价值观念的内化,增强德育的实效性,同时,也提升了德育的效果。因此,心理健康教育既可以为有效实施思想政治教育提供心理条件,也是大学生思想政治教育内容的合理扩展和延伸。

大学生思想政治教育的最终目的是通过提高大学生的思想道德素质,帮助他们树立正确的世界观、价值观和人生观。心理健康教育的最终目标是培养学生健全的"人格"。具有远大理想和高尚追求的学生,往往具备较强的自我认知能力和较强的辨别能力;会以顽强的毅力和积极的态度自觉调节自己的情绪、培养健全人格。如果一个大学生没有良好的道德品质,没有伟大的理想抱负,没有爱国之心和服务他人的意识,就很难成为一个人格健全的人。从这一点来讲,心理健康教育应该建立在思想政治教育的基础上,有效促进大学生的心理健康。

思想与心理的形成过程具有统一性。心理是人脑的机能,是客观事物在人脑中的主观反映。思想也有着相同的本质,是客观存在反映在人的头脑中,经过思维加工而产生的。思想对心理起决定作用,支配心理活动的方向;心理对思想有反作用,思想的发展变化受心理因素的影响和制约。思想和心理的密切联系,决定了大学生思想政治教育与心理健康教育,具有内在的、深层次的一致性。因此,只有建立在符合大学生心理发展规律基础上的思想政治教育,才能深入人心;而心理健康教育只有建立在思想政治教育的基础上,才能真正成为人格完善的手段、途径和方法。

二、重视思想政治教育,加快二者的融合

思想政治教育与心理健康教育宏观方面的一致性,决定了二者在微观层面是可以相互借鉴的。近年来,广大思想政治教育工作者与心理健康教育工作者已经做了大量的探索,取得了可喜的成就,使心理健康教育这一全新的育人手段展现出新的活力。

(一)实施体制融合

经过几十年的发展完善,我国大学生思想政治教育已经有较为健全的体制。上层有学校党委,中层有学生工作处、校团委、宣传部,基层有各系部党支部、团支部。这套体制保证了学校思想政治工作的有效开展。在大学生心理健康教育发展初期,不少人主张大学生心理健康教育应该完全游离于思想政治教育之外,走一条独立发展的道路。然而,二者

之间内在的一致性，使大学生心理健康教育事实上与思想政治教育存在着千丝万缕的联系。十多年的理论研究和实践探索表明，心理健康教育工作完全可以在现有的思想政治教育体制下良性运行。

教育部在2003年颁布了《普通高等学校大学生心理健康教育工作实施纲要（试行）》，指出："各高等学校要成立大学生心理健康教育工作领导小组，由主管学生德育工作的党委副书记或副校长任组长，并明确职能部门具体负责协调和组织全校心理健康教育的教学、科研以及辅导或咨询工作。"按照教育部的要求，每所大学都要成立大学生心理健康教育工作领导小组。可以参与小组的职能部门有很多，各大学可根据本校的实际情况合理组合，并不一定要有统一的形式。学生工作处、团委、宣传部、教务处、校医院、各院系分团委等部门，都可以纳入小组中。这种体制完全是建立在学校已有资源的基础之上，调动了学校各方面的力量，共同推动大学生心理健康教育的本土化。

（二）工作人员融合

心理健康教师必须具备良好的专业素养才能完成教学目标。但是，这并不意味着心理健康教育是一项高不可攀、只有少数人才能从事的工作。在开展大学生心理健康教育工作初期，大学生心理健康教师很少，远远不能满足学生的需求。一些思想政治教师尝试从事心理健康教育工作时，出现了一些反对意见，有人认为思想政治教师不合适做心理健康教师。但是，经过不断的学习和摸索，许多思想政治教师出色地完成了心理健康教育工作，受到了学生的好评。

事实上，思想政治教师有丰富的教学经验，更容易理解和掌握心理健康教育的理论和实践方法。近年来，经过各级教育主管部门有计划、有组织的系统培训，已有大批的思想政治教师成功转型，加入心理健康教育队伍中，成为大学生心理健康教育队伍的重要组成部分，解决了心理健康教师人数较少的问题。特别是辅导员，他们出色地完成了大学生心理健康教育工作，受到了学生的欢迎。

（三）理念方法融合

一些大学生思想政治教师工作效率不高。其根本原因是教育观念偏于功利化，忽视人存在的意义和价值。在指导思想上，忽视了学生在教学工作中的主体作用；不能对大学生思想政治工作的特殊要求进行科学的分析。一些大学生心理健康教育工作者，也常常在工作中出现困惑，心理测试很正常的学生，却表现得极端自我、漠视他人和社会，反复引导仍没有改善。这主要是由于大学生心理健康教育工作者过于强调教育过程中的"价值中立"，认为心理问题与人的价值观无关。但实际上，每个人的行为背后都有着自身的价值体系；价值体系出现了偏差，仅仅纠正行为是不会取得良好效果的。

大学生思想政治教育和心理健康教育在理念方面的相互借鉴，有助于提高二者的实效性。思想政治教师应更新观念，充分尊重学生在教学活动中的主体地位，少一点儿说教和灌输,多一点儿心理健康教育,为有效实施思想政治教育打下良好的基础。可以从心理健康教育中借鉴一些方法作为思想政治教育工作的新途径,来提高思想政治教育工作的成效。比如,可以运用心理学的原理、方法和技术来改变学生的心理与行为,借助心理测验及其他测评工具来客观了解学生的个性特征,使思想政治教育更有针对性;也可以采用会谈、角色扮演、沟通分析等心理辅导中常用的方法,服务于思想政治教育,以减少思想政治教育工作的阻力,从而为学生接受教育,实现道德内化提供方法上的支持。另一方面,心理健康教育应依靠思想政治教育为自己明确方向,并借助思想政治教育进行实践,拓展自身的操作途径。心理健康教师要主动地在心理健康教育实践中渗透正确的世界观、人生观和价值观,为学生的心理健康发展打下坚实的基础。

大学生心理健康教育与思想政治教育的融合是大学生心理健康教育本土化的成功体现。在此经验的基础上,进一步探索正确认识和处理大学生心理健康教育与中国高等教育改革、大学生心理健康教育与中国传统文化的关系,将会使我国大学生心理健康教育实现真正意义上的本土化,促进我国大学生心理健康教育的进一步发展。

第四节　提高大学生心理咨询服务的质量

学校心理咨询指教师运用心理学的原理与方法,对在校大学生的学习、生活、发展、择业等问题给予直接或间接的指导和帮助,并对有心理障碍或轻微精神疾病的学生进行诊断、治疗的过程。学校心理咨询是当前高校对在校大学生进行心理教育、引导的普遍方式和手段。

学校开设心理咨询的目的是提高大学生的心理素质,最终目标是促进学生的身心健康发展。学校心理咨询是帮助学生开发自身潜能、促进其成长发展的教育活动;以积极的人的发展观为理念,以学生的成长、发展为中心,以"他助—互助—自助"为机制。学校心理咨询是以咨询心理学为主的多学科综合的教育方法与技术。它不是一种指示性的说教,而是耐心细致地聆听和引导。

一、大学生心理咨询的意义

第一,大学生心理咨询可以解决大学生的心理问题,预防和治疗心理疾病是一个人生长、发展过程中一件重要的事。就个体发展而言,大学生正处在个体逐步走向成熟,走向独立的阶段。这一时期,大学生的人生观和世界观尚未成熟,其心理、情绪波动较大。面对生活、环境、人生、理想、现实等种种问题,许多大学生因处理不当而陷入痛苦、焦虑、失望和困惑之中,有的甚至出现言行过激的情况。心理问题和心理疾病已成为困扰大学生学习和生活的大问题,如果不能得到及时解决,就会严重影响大学生的身心发展。

第二，大学生心理咨询是提高大学生心理素质的重要手段。现在，国外许多企业在招聘职员时，要经过专门的心理测试，以选拔有潜力的员工。运动员在参加重大体育比赛之前，要由心理医生对其进行特殊的训练，帮助他们缓解心理压力，建立战胜对手的信心。政治家为了在竞选中获胜，也请心理咨询专家帮助他们调整心理状态，树立良好的形象。由此可见，心理咨询除了可以治疗心理疾病以外，还有一个更为重要的作用，即能帮助人们提高心理素质，激发人的潜能。

现今，大学生多半是从学校到学校，没有经历过社会的磨炼，也没有遇到过挫折和打击，生活可谓一帆风顺。因此，他们抗挫折的能力相对较差，对自身的认识也相对不足。作为高校心理咨询人员，不应仅限于解决学生的心理问题，治疗学生的心理疾病这一层面上，而应主动地对大学生进行心理学、心理卫生和心理健康等有关知识的传授，加强大学生的心理素质训练，使他们了解心理活动的一般规律和特点，懂得心理健康对成长的意义，更好地理解自我与他人、自我与社会的关系，学会运用心理学的方法进行自我调节，保持心态平和，提高心理素质，使身心得到健康发展。更多地了解自己适合干什么，能够干什么，如何促进个人潜能的发挥等。只有这样，心理咨询才能发挥它应有的作用。

现代社会，人们越来越重视素质教育，对个人素质的要求也越来越高。但是，由于过去我们只注重对大学生的身体素质和智力的培养，而忽视了对他们的心理素质的培养，这导致大学生的潜能没有得到充分的发挥。因此，高校心理咨询的一项更为重要的功能是帮助大学生提高心理素质，挖掘个人的潜能，以便充分发挥他们的能力。

第三，大学生心理咨询是新时期高校德育的新任务、新内容、新途径。大学生的心理问题很多时候是与思想问题交织在一起的。要从根本上解决这些心理问题，就必须接受科学的人生观、价值观和道德观的指导。从高校心理咨询工作者本身来看，咨询师的人生观、价值观和道德观也会对学生起到示范的作用。心理咨询在解决大学生的心理问题，预防和治疗大学生的心理疾病，提高大学生的心理素质和挖掘大学生的潜能等方面，有着其他学科无法替代的作用。

二、大学生心理咨询的特点

大学生是一个特殊的社会群体，他们不同于中小学生。他们当中的绝大多数人是离开家庭和父母，从四面八方来到大学校园，集中居住在宿舍，过着集体生活的。因此，在接受心理教育和寻求心理咨询时也表现出与中小学生不同的心理倾向，大学生心理咨询主要有以下几个特点：

第一，大学生有心理障碍时，可能自己意识不到，或即使知道也不寻求帮助。由于心理咨询工作在我国开展的时间并不长，多数学生对心理咨询的意义认识不够，甚至产生错误的认识，觉得自己的心理十分健康，没有疾病，不需要进行心理咨询。他们没有意识到心理障碍在每个人的身上，在每个活动领域中都可能出现。不知道学习中的困扰、对考试的焦虑、人际关系的不和谐造成的烦恼，都可以通过心理咨询获得帮助与指导。因而，对校园中的心理咨询不感兴趣，觉得心理咨询离自己十分遥远，参与感较弱。

第二，大学生希望获得他人的帮助，愿意与人沟通，但不知怎样面对咨询。由于大学生的社会交往机会不多，所以很希望通过咨询活动与人沟通，解开心结。但又因其自尊心较强，不愿意暴露隐私，因此不知怎样去进行咨询。例如，常有学生来到咨询室，交流时闪烁其词，不知所云，不正面回答问题，顾左右而言他。咨询师若不能进行深入细致的引导，拉近彼此的心理距离，便很难了解他们的真实想法和咨询目的，而导致心理咨询无法产生预期的效果，还会加剧学生心理上的孤独感。

第三，大学生希望参加咨询活动，却又难以承受群体的压力和同伴的讥笑。由于大学生生活在特定的集体环境之中，喜欢结伴而行。因此，其行为常带有明显的从众性。当整个社会以及他们所在群体对心理咨询认识尚不明确，看法尚有偏见时，有咨询需求的学生要前来咨询时，必定会背负着一定的压力。诸如："你有精神病吗？为什么要去做心理咨询？""心理咨询是不正常的人才需要做的。"等言论常常会影响前来咨询的学生的心态和行为，使得希望进行心理咨询的学生顾虑重重。

第四，大学生有一定的调节能力，但更希望得到咨询师的帮助和指导。根据心理咨询的自助性原则，咨询应该是以启发、促进前来咨询的学生的自我调节能力，使其找到解决问题的最佳方案和最优的发展之路，一般不主张给他们以明确的指示和结论。但大学生心理咨询却不一定如此。大学生虽然已具备了一定的心理调节能力，但距离完全靠自己的力量走出心理阴影还有一定距离。因此，每一个来访者对与之交谈的咨询师都抱有很大的期望，谈话要求也十分具体。如果咨询师把握不好分寸，或没有达到他的要求，不能使他满意，就可能动摇其对心理咨询的信心。

在心理咨询的过程中，咨询师要针对学生所处环境的特点、情绪以及心态等特点使用适当的咨询方式，才能使心理咨询活动为学生所理解、接受，进而真正发挥心理咨询应有的作用。

三、目前大学生心理咨询的常见误区

（一）把心理咨询师当作救世主

一些大学生把心理咨询师当作"救世主"，将自己的所有心理"包袱"丢给咨询师，以为咨询师应该有能力把它们一一解开，而自己无须思考、无须努力、无须承担责任。然而，事实上，心理咨询师只能起到引导、启发、促进大学生改变行为和人格成长的作用。他无权把自己的价值观和愿望强加给大学生，更不能替大学生改变或做决定。真正的"救世主"只有一个，那就是自己。只有改变自己、战胜自己，最终才能超越自我，实现理想。

（二）把心理咨询当作思想工作

心理咨询作为医学中的一门学科，有着严谨的理论和诊疗程序，它与思想工作是有本质区别的。思想工作的目的是说服对方服从并遵循社会规范、道德标准及集体意志；而心理咨询则是运用专门的理论和技巧寻找心理障碍的症结，予以诊断治疗。咨询师持客观、中立的态度，而不是对大学生进行批评教育。另外，某些心理障碍同时需要结合药物进行治疗，这更是思想工作所不能取代的。

（三）把心理问题当作精神疾病

心理咨询在我国是一门起步较晚的新兴学科，它对人们来说有一种神秘感。大学生通常都是左顾右盼，鼓足了勇气才走进心理咨询室，在咨询师的反复保证下，才肯倾吐心声；或是绕了很大圈子，才把真实的情绪暴露出来。因为在许多人眼里，接受心理咨询的人很可能患有精神病，或者有不可告人的秘密，或者道德品质方面有问题。此外，在中国人的传统观念中，表露出情感上的痛苦是软弱无能的表现。以上种种原因，使得很多大学生宁愿饱受精神上的痛苦折磨，也不愿或不敢到心理咨询室进行咨询。其实，心理问题与精神疾病是两个不同的概念。每个人在成长的不同阶段及生活工作的不同方面，都有可能遇到这样或那样的问题，出现消极情绪。如果不能对这些问题进行及时、正确的处理，则会产生持续的不良影响，甚至导致心理障碍。这样看来，心理问题是日常生活中经常会遇到的。针对这些问题求助于心理咨询师并不意味着患有精神疾病。相反，这表明个体具有较高的生活目标，希望通过心理咨询更好地完善自我，而不是回避和否认问题，虚度一生。

（四）认为心理咨询无所不能

一些走近心理咨询室的大学生将心理咨询师视为"开锁匠"，期盼其能打开所有的心结，所以常常求诊一两次，没有达到其所希望的"豁然开朗"的心境，就对心理咨询师大失所望。实际上，心理咨询是一个连续、艰难的改变过程。心理问题与大学生的个性及生活经历有关。如果大学生没有强烈的求助、改变的意愿，没有决心，是难以快速解决心理问题的。

正所谓"心病还须心药医"，心理咨询是心理障碍预防和治疗的一种措施，是心理教育的重要组成部分。通过咨询师与大学生持续的接触，帮助大学生在认识、情感和态度方面有所改善，解决其在学习、工作、生活等方面出现的心理问题，从而使其更好地适应环境，保持身心健康。因此，学校有必要建立心理咨询机构，配备受过专业训练的心理咨询人员，开展心理咨询活动。可以针对不同的大学生进行个别的咨询，也可以根据大学生的症状、表现的一致性开展团体咨询。实践证明，这是一种很有效的心理教育方式，也是深受学生欢迎的一种方式。

第五节 建立健全大学生心理健康教育档案

建立大学生心理健康教育档案，是加强学校心理健康教育工作，实现教育现代化的前提条件和必要保障。它有助于学校确立具体的、有针对性的心理健康教育的目标、内容、方法与途径，有助于学校开展心理健康教育。它是大学生身心健康发展的动态监测手段，可以为学校心理健康教育工作提供操作指南，可以提高教师的决策水平，可以为学校的宏观管理提供决策依据。大学生心理健康教育档案的建立是一项具有很强的科学性、专业性和技术性的工作。心理健康教育工作者只有在了解大学生心理健康教育档案的含义，掌握其建立的原则、一般程序及使用与管理心理健康教育档案的原则的基础上，才能建立起科学的、实用的心理健康教育档案，才能正确使用与管理好心理健康教育档案。

一、大学生心理健康教育档案的概念

大学生心理健康教育档案有广义和狭义之分。狭义的大学生心理健康教育档案，是指对个体的心理发展变化特点、心理测验结果、学校心理咨询与辅导记录等材料的集中保存。这些资料按照一定的顺序排列，组成一个有内在联系的体系，如实反映大学生的心理状态。它是学校为了更好地开展心理健康教育工作，为每个大学生在心理健康方面建立起来的档案材料。而广义的大学生心理健康教育档案，还包括学校心理健康教育活动的有关资料，如学校心理健康教育的计划、课程设置、活动安排、教研活动、研究课题及成果、效果评估和管理工作等记录。理解狭义的大学生心理健康教育档案要把握以下几点：

第一，大学生心理健康教育档案是专门的档案，是在学校心理辅导老师负责下建立起来的。大学生心理健康教育档案应有健全的管理制度，并有专门的教师负责。如果没有专业教师的参与，大学生心理健康教育档案的建立可能会失去科学性、客观性、全面性和实用性。

第二，大学生心理健康教育档案是有关大学生心理变化特点及有关咨询、辅导的记录，而不是指学籍档案。大学生的学业成绩、体能测试、教师对大学生的操行评语、奖惩记录等都是学籍档案，它可以向教师、家长及大学生公开。而心理健康教育档案更具隐私性，主要是为心理健康教育工作服务，除经本人同意和特殊情况外，教师、家长，甚至法律部门也不能随意查阅大学生的心理健康教育档案。因此，对它的管理应更加严格和规范。

第三，大学生心理健康教育档案是大学生心理变化特点的真实记录。从幼儿期、儿童期到青少年时期，每个时期都有不同的心理特点及心理冲突。任何人不能依照自己的观点去增加或删改档案的内容，应保持心理健康教育档案的原始性、真实性。

第四，大学生心理健康档案建立的根本目的是更好地教育和培养大学生。

二、建立大学生心理健康教育档案的意义

大学生心理健康档案既是学校开展心理健康教育工作的必要依据，又是大学生接受心理健康教育后的原始记录。它将为我们进行心理科学的研究提供大量客观的第一手材料；对于学校教育科学化具有十分重要的意义。

（一）为学校的科学管理提供心理学依据

通过建立大学生心理健康教育档案，学校能及时准确地掌握和了解全校大学生的心理发展规律、特点以及现状，从而为学校的科学管理提供心理学依据。首先，可以为学校的分班教学、个别化教学提供前提条件；其次，可以为特殊儿童提供鉴别和培养的措施；再次，通过心理健康教育档案所反映出来的大学生兴趣爱好等信息，可以为丰富课外活动，满足大学生的心理需求提供决策依据；最后，还能从整体上评价一所学校的教育水平，提供一套科学的评估系统等。

（二）有助于完善教学工作，提高教学质量

要了解大学生、分析大学生、帮助和大教育学生，就必须掌握大学生心理发展的规律。建立大学生心理健康教育档案，可以帮助教师了解大学生的个性，使教师在教育教学工作中有的放矢，减少盲目性，提高针对性，从而提高教学质量。建立大学生心理健康教育档案，为心理健康教育提供了依据和信息。同时，建立大学生心理健康教育档案，也为教师了解大学生节省了时间，提高了工作效率。

（三）有助于学校开展心理健康教育工作

通过大学生心理健康档案的建立，可以及时了解和发现大学生的心理发展状况，有利于对大学生的心理问题做出正确的分析和诊断，从而采取有效措施进行心理辅导、心理咨询、心理治疗，有效地帮助大学生，保证学校心理健康教育工作的正常开展。

（四）有助于提高教师的教学质量及科学研究的水平

教师要提高教学质量，必须了解大学生个体间的心理差异，以贯彻落实因材施教的原则。建立大学生心理健康教育档案，能直接为教师科学地管理和教育大学生提供依据，使教师在教育工作中能做到有的放矢，减少盲目性，提高针对性，进而提高教育教学质量。

（五）有助于提高教师的科学研究水平

大学生心理健康教育档案的建立，还有助于教师加强对大学生心理的研究，提高科学研究的水平。心理健康教育档案自身具有很大的研究价值，主要表现在两个方面：一是，

为学校心理健康教育研究提供资料；二是，为更广泛的教育科学研究提供资料。

三、建立大学生心理健康教育档案的原则

我国学者陈雪枫等提出了建立大学生心理健康教育档案的六条原则：科学性原则、系统性原则、发展性原则、保密性原则、教育性原则和经济性原则。

（一）科学性原则

科学性原则，即实事求是原则，是指在心理健康教育档案建立过程中要尊重大学生的客观心理事实，要有科学的、严肃的态度。首先，在测评工具的选择上要有科学性。我们要选择那些标准化心理测验，并且要有较高的信度和效度；而那些在科普刊物或一般杂志上登载的、没有信度和效度的测验是不能使用的。其次，施测时必须遵循严格的操作程序。最后，对建档过程中所获得的结果或信息，要实事求是地描述，要以科学慎重的态度来解释，并结合大学生的实际表现进行分析和归纳。

（二）系统性原则

系统性原则，即整体性原则，是指系统地、多方面地搜集大学生的各种信息，对大学生的心理状况进行全面检查和系统分析，以便从整体上把握大学生的心理特征。由于大学生对某一刺激的反映，要受时间、环境、主体状况等多种因素的影响和制约，因此，在建立大学生心理健康教育档案时必须坚持系统性原则。

（三）发展性原则

发展性原则，即动态性原则，是指心理健康教育工作者要以发展变化的观点看待大学生，以积极的态度指导和帮助大学生，把心理健康教育档案建设成为一个动态的档案。由于大学生正处在迅速成长的时期，其心理发展尚未成熟，随着大学生心理的发展，原来了解到的大学生心理状况已经不能准确地反映现在的心理特点，因此，在建立大学生心理健康教育档案的过程中要坚持发展性原则。

（四）保密性原则

保密性原则是指心理健康教育工作者要对大学生心理健康教育档案的内容做到绝对保密，不得随意将心理健康教育档案的内容告知他人，这是建档工作的道德性准则。这是由于心理健康教育档案中有些内容涉及大学生（或家长）的个人隐私问题，有些带有心理暗示效应，有些涉及人际关系，有些是大学生心理问题或心理障碍的记录，还有一些一旦公开，可能会伤害大学生的自尊心等。因此，只要是大学生不愿意公开的、不利于大学生心理健康发展的和违反心理咨询工作原则的心理健康教育档案的内容必须严格保密，不能给

学校领导、教师、家长或其他人阅读或评价。当然，心理健康教育档案内容的保密也应有层次性，部分心理健康教育档案的内容，如大学生的学习兴趣、学习动机和学习习惯等，就没有必要严格保密。

（五）教育性原则

教育性原则是指在建立心理健康教育档案时，要有利于提高学校的教育质量、教学水平和管理水平，有利于大学生心理健康发展，要为实现学校的教育目标服务。为此，应把建立心理健康教育档案看作是整个教育工作中的一个重要环节，要从教育和预防的角度去开展这项工作；不能用心理健康教育档案的材料给大学生贴标签、戴帽子；要把提高大学生素质、培养合格人才作为建立心理健康教育档案工作的出发点。

（六）经济性原则

经济性原则，即最佳经济原则，是指在建立大学生心理健康教育档案的过程中，力求用最少的人力、物力、财力和时间，获得较好的效果。简言之，就是要以最小的投入建立起高质量的心理健康教育档案。

四、大学生心理健康教育档案的应用

（一）大学生心理健康教育档案在学校管理中的应用

学校管理工作的一个主要环节，就是对大学生按照"减少个别差异的范围与程度"的原则进行"同质性"的分班。"同质性"的具体含义应该包括如下要素：

第一，大学生当前的智力水平相当。知识基础和认知水平接近的大学生组成的班集体，有利于教师在教学中为大学生寻找相同的发展区域，或者是满足大学生相同的学习需要。

第二，大学生的性格类型比较接近。性格类型反差不大的大学生，对教师授课方式的喜爱、讲话方式与批评方式的认同等也基本一致，有利于教师利用相同的教学方式，达到比较理想的教学效果。

第三，大学生的学习能力比较相近。把学习能力相近大学生集中在一起，便于教师进行管理。

第四，大学生的学习能力相当。学习能力不同的大学生，需要教师激励的方式不同。也就是说，教师在课堂教学过程中的主要教学行为、辅助教学行为和管理教学行为的时间、精力所占的比例均不相同。

（二）大学生心理健康教育档案在班级管理中的应用

在我国大班教学的客观环境下，班级中大学生的个别差异是客观存在的。就算进行了各种形式的"同质性"分班，大学生的个体差异还是不可能完全消除。如何适应不同大学生的发展需要，使管理工作与教学工作更具有针对性，是每位教师需要认真研究的课题。

在班级管理中，只有认识到不同类型学生的不同学习习惯，才能制定行之有效的教学策略与措施，进而提高教育效率。

（三）大学生心理健康教育档案在学科教学中的应用

在常规教学工作中，如果能科学合理地运用大学生心理健康教育档案，全面把握大学生的发展需求，才能制定出具有针对性的、客观科学的教学策略，为提高教学质量和教学效率提供必不可少的有用信息。

五、大学生心理健康教育档案的管理

对大学生心理健康教育档案必须加强管理，才能更好地发挥其作用。在大学生心理健康教育档案管理的过程中，我们必须注意以下几点：

第一，应建立学校心理健康教育室，专门负责心理健康教育档案的建立、使用和管理工作。

第二，应建立健全大学生心理健康教育档案管理制度，明确心理健康教育工作者的职责。心理健康教育工作者不能将大学生的心理健康教育档案随意外借。

第三，应建立大学生心理健康教育档案计算机管理系统，提高心理健康教育档案的现代化管理水平。使用计算机来处理心理健康教育档案的材料，建立大学生心理健康教育档案管理系统，实现心理健康教育档案管理的信息化，不仅可以提高工作效率；而且能够保证资料管理和分析的规范与准确，减少失误与差错；还可以从多种角度迅速得到相关资料，为心理健康教育工作提供有价值的信息。

第四章　大学生心理健康教育的创新研究

第一节　主观生活质量与大学生心理健康教育

一、主观生活质量的概念

主观生活质量指的是个人对重要的目标能否实现的主观评估。主观生活质量可以是对整个生活领域的全面性评估，也可以是对某一特定生活领域的质量评估。研究表明，大学生主观生活质量与个体自身的认知能力有关，同时，一些外在的环境因素也会对主观生活质量产生一定的影响。主观生活质量的相关研究给予学校心理健康教育工作很多启示，不断促进大学生主观生活质量的提高也成为学校心理健康教育工作者的工作目标之一。

在过去很长的一段时间里，学校心理健康教育工作者们把工作重点放在对学生心理问题与疾病的事后干预与治疗上。然而，只关注心理问题、事后干预的做法，对学生日后的健康发展是很不利的。积极心理学认为，更有效的做法是，在心理问题发生和发展之前，先培养学生自身的积极力量。这种力量使人能更好地适应多变的环境并可降低心理疾病的发生概率，也可以改善学生的学习表现；其中主观生活质量属于我们要努力发展的这类心理力量之一。对儿童与大学生心理健康的调查研究表明，大学生的主观生活质量与他们的不良行为呈显著的负相关，大学生低水平的主观生活质量与物质滥用、暴力行为之间存在一定的关系。可见，学校在对学生进行心理健康教育时有必要关注学生的主观生活质量。

二、大学生主观生活质量的相关因素研究

当前，研究者们对大学生的主观生活质量的研究还不够深入。通过查阅已有的文献资料，我们可把关于大学生主观生活质量的相关因素大致分为两类：内部因素和外部因素。

（一）内部因素

大学生主观生活质量的相关研究显示，性别、年龄和社会经济地位不会显著影响大学生的主观生活质量，而大学生自身的人格特征对他们的主观生活质量的影响却十分明显。

部分研究者试图探索与大学生主观生活质量相关的认知因素，他们发现，大学生的归因方式是消极事件作用于主观生活质量的中介因素，具体来说，大学生在生活中经常经历消极事件会使其倾向于将生活事件进行外控归因，而主观生活质量也会随之下降。

（二）外部因素

越来越多的研究证实，居住环境、背景文化、生活事件等因素与大学生主观生活质量有一定的关系。生活于单一民族环境中的大学生比生活于多民族杂居环境中的大学生体验到的幸福感更高。另外，大学生的主观生活质量与其生活中积极和消极事件的出现频率相关，生活中的积极事件相较于生活中的消极事件能更大地影响大学生的主观生活质量。

家庭因素，如家庭教养方式、来自父母的支持、父母的婚姻状态、父母之间的关系等，都能影响大学生的主观生活质量。尽管良好的同伴关系与大学生主观生活质量有一定的关系，但他们的主观生活质量与家庭因素的相关程度更高。父母间的关系比他们自己的外貌和他们对学业的自我评价更能影响他们的主观生活质量。

大学生的主观生活质量也与他们的校园经历有关。大学生低水平的主观生活质量与他们对学校和教师的消极态度有关。对老师与学校怀有积极态度的学生，更能体验到较高的主观生活质量并表现出更多的社会期许。大学生较高的主观生活质量与其参与课外活动（如体育运动、俱乐部活动等）的程度有关。

三、大学生主观生活质量研究对学校心理健康教育工作的启示

对大学生主观生活质量的相关研究给予学校心理健康教育工作很多启示。主观生活质量不仅是种结果变量，它也可以作为外部环境与大学生行为之间的中介变量而发生作用。因此，不断提高学生的主观生活质量既是学校心理健康教育的最终目标之一，也是预防学生心理问题产生的有效手段之一。

（一）对心理评估方式的启示

学校传统的心理评估重在对心理疾病的严重程度进行评估（如使用症状自评量表SCL-90进行评估）。对大学生主观生活质量的研究为学校心理健康教育工作者提供了一个新的工作视角，学校心理健康教育工作者应考虑对学生自身积极力量与环境中的积极因素进行评估，其中就包括对学生主观生活质量的测量。对学生主观生活质量的日常测量能为学校心理健康教育工作提供重要信息。大学生主观生活质量量表作为筛选工具，对处于危机边缘的大学生能起到识别作用。已有研究表明，在各类学习问题（如辍学）与健康问题（如抑郁、自杀、呼吸道感染）出现前，个体的主观生活质量都会有所下降。显然，主观生活质量量表可作为一种快速诊断工具。因此，对学生进行主观生活质量的评估不仅能在学生的心理问题与不良行为的预防工作方面发挥作用，而且也为学生心理健康工作指明

了方向。

(二) 对心理干预策略的启示

学校心理健康教育工作者以改变大学生人格特质为目标进行长期干预是比较困难的；旨在提高学生主观生活质量的干预策略更切实有效。这种心理干预可采取综合的方法，应体现学校、家庭和学生个人的共同努力。在学校，学校心理健康教育工作者可以采取"短期认知—行为"疗法，改变学生的消极认知（如外控归因方式、低社会自我效能等），进而改变他们对人生的消极评价。与此同时，鼓励学生参与有意义的校内集体活动，培养学生解决问题的技能，让学生的个人努力对干预过程发挥积极作用。另外，必须注意的是，家庭的支持对学生主观生活质量的提高有重要的意义，若能对学生家长进行必要的培训，则会让干预过程更完整。

(三) 对学校环境建设的启示

虽然主观生活质量是一种个人体验，但对它的研究已清楚地显示出生态因素的作用，可见，要改变学生的主观生活质量，不仅要改变学生个人，也要改造周围的环境。学生若对学校和教师持积极的评价，则更能体验到较高的主观生活质量，而且倾向于表现出更多的期许。那种只关注改变个体自身而忽视改造周围环境的干预过程明显是有欠缺的。因此，学校心理健康教育工作者如能更多地关注学生对校园环境的体验，将有利于实现心理健康教育目标。学校应以提高学生的主观生活质量为着眼点，营造积极向上的校园氛围，如积极开展绿色校园建设，组织丰富有趣的学习活动，举办各种校园公益活动等，这对提高学生的主观生活质量是有帮助的。

目前，国内关于大学生主观生活质量的研究仍未全面展开；国外关于大学生主观生活质量的研究积累了一定的成果。研究表明，不断促进学生的主观生活质量既是学校的心理健康教育的最终目标之一，也是预防学生产生心理问题的有效手段之一。学校心理健康教育工作者们应从当前的研究中搜集有价值的信息，在学校心理健康教育的实践中自觉应用研究成果，对传统的学校心理健康教育进行必要的补充与改革，最终为实现学校心理健康教育目标服务。

第二节 利用音乐教育促进大学生心理健康的发展

随着物质生活水平的逐步提高，大学生更需要心灵上的关爱和帮助，心理健康关系着他们一生的发展。音乐教育是美育的一部分，它能提高学生的心理素质，培养他们的审美情趣，达到修身养性、净化心灵的目的。音乐教育也是大学生德育的重要途径之一。因此，从大学生心理健康的现状入手，分析音乐教育对大学生心理健康成长的促进作用，提出在音乐欣赏教学中采用以活动为主、开展合唱训练、鼓励和引导等手段促进学生心理健康发展。

一、大学生心理健康的现状及原因分析

大学时期是一个人极为重要的时期。在这一时期，大学生不仅学习各科知识，发展智力，而且探索人生的意义，初步形成人生观和世界观。但同时，他们也面临着许多成长中的困扰和问题。

（一）大学生面临的心理健康问题

在学习方面，大学生在学习上的竞争压力日益增大，除了面对老师的要求、父母的期待，他们还要面临就业带来的巨大心理压力。有的学生容易紧张，对自己的要求较高，常在考试前或考试中产生焦虑情绪，严重的甚至出现食欲不振、失眠、呼吸困难等问题。有的学生面对学习压力，在屡次遭到失败后产生厌学的情绪，遇到学习上的问题和困难采取逃避的态度，对于学习越来越排斥。

在人际关系方面，现在的大学生个性突出，以自我为中心。在生活中，父母对他们百依百顺，导致他们面对集体生活时，很少能主动关心他人，宽容他人。因此，若与老师、同学意见不合或发生摩擦、矛盾等，往往缺乏必要的沟通和交流，甚至变得孤僻、独来独往。还有的学生因缺乏与父母之间的沟通，在不和睦的家庭关系中，性格专横、固执。这些都不利于大学生的人际交往，容易导致其出现心理问题。

在这一段特殊时期，大学生的生理、心理都发生着巨大的变化，但他们的认知还处在天真、理想化的状态中。因此，往往容易出现自卑、逆反等心理。一方面，他们迫切地希望自己独立；另一方面，他们在学习、生活、经济上都需要依赖父母和老师。当父母或老师不能认同自己的观念或过度干涉自己的生活时，他们就会产生强烈的反感，有的大学生甚至走向另一个极端，完全拒绝家长和老师的帮助，这就形成了所谓的"叛逆期"。

（二）大学生产生心理健康问题的原因

随着现代信息化的不断发展，大学生可以接触到不同国家、文化、宗教信仰等各种思想。由于他们的身心还尚未成熟，许多负面的、不良的社会风气和思想会危害他们的身心健康。例如，有的网络游戏渲染暴力、色情，还有许多垃圾影音制品充斥文化市场，导致大学生的世界观、人生观、价值观出现偏差，也势必会诱发许多社会问题。

习近平总书记在第一届全国文明家庭表彰大会中指出："家庭是人生的第一个课堂，父母是孩子的第一任老师。"家庭教育对学生的心灵成长有着深远的影响。有的父母对孩子属于"溺爱型"，特别是隔代抚养的家庭，对孩子提出的各种物质要求有求必应，却忽视了思想上的引导；有的父母属于"专制型"，对于孩子方方面面都严格控制，很少倾听

孩子的心声，导致孩子出现叛逆或自卑；有的父母属于"放任型"，对孩子在学校的表现不闻不问，导致孩子学习习惯差，组织纪律性差，对任何事都采取无所谓的态度。

学校教育和管理水平参差不齐也影响着学生的健康成长。长期以来，在我国的应试教育体制下，学校追求升学率，看重学生的考试成绩，教师也忙于如何帮助学生提高成绩。因此，在不同程度上，学生的心理健康教育、素质教育被排在了次要的位置。但学生在成长中除了需要学习知识武装头脑外，更需要在思想上获得引导，帮助他们树立正确的是非观，将来成为有用之才。

大学生之所以会产生各种心理问题还有一个因素是他们自身。进入高校后，也是学生"心理危险期"的开始，他们在生理和心理上都逐渐发生变化，迫切地需要别人把他们当成人看待，希望得到更多独立活动的空间以及认可，但又缺乏生活经验，不能正确看待自己的问题。若在这一阶段家长、教师能充分认识到学生的问题，及时处理，就能帮助他们顺利度过这个阶段。

大学生时期是每个人心理发展的重要阶段，出现心理健康问题是很常见的现象，想要走进学生的内心，引导学生的思想，音乐教育有着独特的优势。

二、音乐教育对大学生心理健康发展的促进作用

音乐来自人的内心，又对人的心灵产生反作用。柏拉图曾说："音乐教育除了非常注重道德和社会目的外，必须把美的东西作为自己的目的来探求，把人教育成美和善的。"因此，将音乐教育用于帮助促进大学生心理健康发展是尤为重要的。

（一）加深对自己的了解

认识自我，是我们认识整个世界的起点；接纳自我，是我们与外部世界和谐相处的基础。大学时期正是自我意识发展的重要时期，在这一时期，大学生开始学习独立思考问题。在这个过程中，聆听音乐不仅能帮助他们更好地思考和领悟，还能通过音乐与外部环境建立联系，在接触音乐的过程中，回顾自己的童年，了解自己的喜好与个性，从而建立自信，帮助他们认识自己，以积极乐观的心态接纳自我。

（二）调节情绪

心理健康的重要表现之一就是对情绪的控制，这既包括自己的情绪管理，也包括对他人情绪的感知。大学生由于生理和心理的快速转型，对外部环境容易过于敏感，情绪反应往往十分激烈，表现出冲动、易怒、暴躁、叛逆的特点。音乐是情感的艺术，欣赏音乐能帮助大学生提高情绪的感知力，还能使大学生有效缓解不良情绪带来的心理压力，让情绪有所排解。在学习音乐的过程中，学生学会感知他人的情绪，也能提高自己对情绪的感知力。

（三）树立正确的人生观、价值观

有的大学生虽然没有表现出明显的心理问题，但每天昏昏欲睡，得过且过，对于自己的未来缺乏目标，这种状态是一种心理"亚健康"状态。对自己未来的职业生涯进行合理的规划，是每个人毕生的重大课题。合理的规划需要建立在正确的人生观和价值观上，而诸如《我和我的祖国》《黄河大合唱》《旗正飘飘》《毕业歌》等具有中华民族特色的经典音乐作品，不仅能让学生感知到音乐家不屈不挠的顽强精神，更能培养学生的爱国之情。

三、在音乐欣赏教学中促进大学生心理健康发展的途径

（一）以活动为主，强调主观体验，帮助学生融入课堂

要对大学生进行心理健康教育不能只讲道理、摆案例，大多数学生都很难接受这样的教学方式。传统的音乐欣赏课只停留在介绍和聆听上，缺乏互动。若在课堂上设计有趣味性的音乐体验活动，例如，在播放一段音乐时，让学生用左右手相互配合，根据老师给出的口诀，学习配合音乐简单地打节奏。通过类似的团体训练活动帮助学生在轻松的氛围中进行主动的参与和体验，既能减少学生对于"课堂说教"的抵触情绪，也降低了学习过程中的紧张感，使他们可以更自然地展现自己的特长与优势，体会课堂活动过程中带来的体验和认识。

（二）开展合唱训练，创设学生互动学习情境，加强合作

处在同一年龄阶段的大学生遇到的问题和困惑往往十分相似，而预防大学生出现心理问题的重要手段之一是同伴的关心和帮助。相比教师与学生、家长与学生来说，同龄学生之间更容易进行沟通，他们也更渴望得到身边同学的接纳与信任。现今，合唱艺术已经与流行音乐一样，成为年轻人喜爱的音乐类型。音乐欣赏课正好可以给学生参加合唱训练的机会。一方面，让学生接触、了解不同类型的音乐作品，开阔眼界，提升欣赏水平；另一方面，通过集体合唱训练能增强同学之间的集体荣誉感和归属感。在学习合唱的过程中既需要同学之间相互交流、相互帮助，也需要他们相互配合、相互信任。因此，开展合唱训练能使学生保持积极、阳光的心态。

（三）丰富教学内容，鼓励学生主动展示

促进大学生心理健康发展包括方方面面，其中，除了发展自我意识、情绪调控、人际交往等，还包括学习潜能的开发。科学研究表明，人的大脑两半球有一定的分工，左半球执行着言语和抽象思维的功能，称为优势半球；而右半球的功能与空间位置、形状、音乐及情感等方面的信息有关，在生活中也有重要意义。音乐虽不能表达明确的思想，但它对称的结构、起伏的旋律、张弛的节奏都能对人的感官产生直接的刺激，让大脑及神经系统

放松或兴奋，能够激发想象力。在课堂上，教师可以通过色彩与音乐、音乐的情绪、音乐冥想等方式充分调动学生的视觉、听觉，鼓励学生在小组和班级里分享自己的体验与感受。在学习的过程中，学生从被动听，到主动展示，不仅能提高学习效率和记忆力，还能锻炼自己的心理素质，提升心理健康水平。

（四）适时引导，为学生的成长保驾护航

课堂活动就是善意的"圈套"，它把学生引入其中，让他们不知不觉地获得成长。在学习的过程中绝不是一帆风顺的，学生可能会遇到各种各样的问题：有的学生对于音乐感兴趣，但了解范围仅限于流行音乐；有的学生一开始就认为自己五音不全，对于音乐学习有自卑和抗拒的心理，这时教师需要及时了解学生的心理状态，根据不同学生的情况给予适当的引导。因此，教师必须掌握教育学、心理学以及音乐专业知识，根据大学生身心发展的规律有的放矢地开展教学活动，关注学生的成长动态，在教学时耐心地辅导学生，帮助他们克服心理障碍，帮助他们健康成长。

音乐教育对大学生的心理健康起着重要的作用，也是素质教育不可或缺的重要内容。聆听音乐、感受音乐、分析音乐、评价与鉴赏音乐不仅可以激发学生的学习兴趣，开阔学生的视野，还可以丰富学生的精神世界，激发学生的潜能，提高学生的心理素质。只要坚持科学的教育思想，遵循学生心理发展的规律，采取科学的教学手段，将音乐教育与心理健康教育有机地结合起来，就能有效促进学生心理健康发展。

第三节　案例法介入大学生心理健康教育

随着我国心理健康教育改革的逐步深入，专家学者陆续提出了情景教学法、角色扮演法、体验教学法、案例分析法等一系列心理健康教育方法。本节结合笔者多年的教学实践，重点探讨了案例分析法在大学生心理健康教育中的应用，分析了案例法的内涵和特点，以及其在大学生心理健康教育中的应用策略，以期切实丰富学生的心理健康知识，提高学生对心理问题的认识，提高他们对情绪的自我调节能力，进而提升大学生心理健康教育的效果。

一、案例法的内涵

现今，案例分析法已经成为各个企业对员工进行培训教育，以及各类医疗卫生、教育教学研究活动中非常重要的教育培训方法。案例法最为突出的特点是结合学生实际，把抽象的教育理论、教育知识、教育技巧和现实案例有机结合起来，是学生分析讨论最为重要的依据，也是帮助学生更好地提高理论认识水平、提高实践应用能力的重要纽带。

从心理学的角度来看，案例又被称作个案，是社会生活中的一些个别现象或者事件，案例是对具体情境的真实客观描述。首先，案例应具有真实性，必须来源于学生的生活实际，是学生生活中实际发生的，并且学生比较认可的一些事实。这些事实可能是某些学生的真实经历，或者是其他学生能够在生活中真切感受到的事件。其次，案例应具有典型性。虽然案例是某个学生的真实经历或者某一事件，但是代表着生活中的一类现象或者问题。这个问题在学生的生活中经常见到，在学生身上经常发生，可能是每一个学生在生活中都会遇到的问题。最后，案例还必须具有启发性。案例要能够让学生从具体的案例中认识到相关的问题，透过事件的现象看到事件背后本质性、规律性的东西；让学生能够得到更多的启发，认识现象背后的本质特征，帮助学生更好地开拓思路，进而促进学生更好地学习相关理论和知识，真正让学生从思想上认识，从行为上改变，教给学生具体的思考问题、解决问题的办法。

二、案例法介入大学生心理健康教育的基本特征

案例法介入是对大学生进行心理健康教育非常有效的方法，能有效提高学生的心理健康水平，培养学生良好的人格修养，促进学生的全面发展。案例法在心理健康教育中具有明确的目的性、突出的问题性、深刻的启发性和较强的综合性。而在大学生心理健康教育中具有以下几个方面的特征：

第一，问题突出。运用案例法对大学生进行心理健康教育，要给学生展现一个个鲜活的案例。每个案例都包含特定的个人经历，而且是一些很常见的心理问题和行为问题。这些问题都具有非常突出的特点，所表现出的行为都具有鲜明的特点。教师引导学生进行心理健康学习就是从学生的学习和生活实际出发，让学生通过分析具体案例中所表现出来的、非常明显的问题，探究各种问题的根源，分析这些异常行为背后的心理问题；在此基础上，让学生掌握相关的心理健康知识，帮助学生更好地进行自我心理调适，提高学生的分析能力和自我调节能力。

第二，目的明确。案例法是一种非常有效的心理健康教育方法。教师为了提升心理健康教育的效果，实现预定的教学目标，要对案例进行深入的分析、精心的选择。在设计和组织教学活动时，尤其是在具体实施过程中，教师要围绕着学生的心理问题，结合教学目标，通过具体的教学任务引导学生对相关的案例进行讨论和总结。所选的案例具有典型性，能够针对学生的生活实际，结合学生的心理健康特点和存在的突出问题，对学生进行有针对性的分析指导，达到预期的教学目标。

第三，启发深刻。在大学生心理健康教育中运用案例法，具有比较明显的启发性。每一个案例都要在教师的引导下给学生启发，引导学生独立思考、深度分析，然后小组讨论。让学生在小组讨论的过程中相互启发、相互促进，实现思维方式的灵活转变、思维方法和观点的碰撞，让学生获得更多的知识，不断拓展学生的思路，丰富学生分析和解决问题的

方法和技巧，增强学生对相关知识的认识程度和领悟能力，从而不断提高学生对各种心理偏差的认知和分析能力。

第四，互动性强。案例法不仅要对学生进行分析阐述，更为重要的是，教师和学生能够很好地结合案例进行有效的互动，让学生更好地学习知识、发现问题。通过师生之间、学生之间的对话交流，让学生得到更多的启发，进而引起共鸣；让学生在多元互动的学习氛围中获得更多的心理健康知识，从而促进学生更有针对性地思考问题，不断提高自我调节能力。

三、在大学生心理健康教育中运用案例法的步骤与要求

第一，教师要精心选择案例，确保学生能够真切地体验。选择案例是对学生进行心理健康教育的基础，教师要针对学生的实际，围绕教学目标，收集更多的教学案例，从中选择最适合学生学习的典型案例。比如，针对学生入校以后所表现出来的意志消沉、精神颓废等现象，教师可以采用以下案例，对学生进行相关的心理健康教育，引导学生重新燃起学习的热情、拼搏的斗志。

案例：小刘是一个让家长引以为豪、亲戚羡慕、同学"嫉妒"的学生，有理想、有抱负、爱学习、有追求。他希望依靠自己的努力考入理想的大学，实现自己的大学梦。因此，为了考进名校，他辛勤刻苦、废寝忘食、专心致志，放弃了很多爱好，利用一切时间学习；但无论怎么努力，还是感到自己比不上那几个优秀的学生，总是有一定的差距。于是，他开始怀疑自己，产生了自卑、嫉妒心理，甚至产生了放弃理想的念头，渐渐心灰意冷，开始放纵自己，偷偷抽烟、喝酒。

教师在向学生展示这一案例后，要引导学生进行讨论，使学生认识到：这些心理活动和行为表现在学生的学习生活中经常出现，也是很多学生在遭遇挫折时所采取的一些解决方式。这个案例就具有典型性、普遍性、真实性、代表性，很容易让学生获得思想上的认同，并且能够激发学生的学习兴趣，让学生能够有针对地对各种问题进行思考，提高学生的心理健康水平。

第二，精心组织分析讨论，做好师生之间的有效互动。对典型案例进行分析讨论是运用案例法实施心理健康教育的核心环节，要做好这个环节应该先设计好相关的问题。教师要为学生提供较好的话题，结合学生已有的知识，围绕学生的心理特点，针对要实现的教学目标，提出与学生心理和教学目标密切相关的、富有启发性的问题，让学生合作交流讨论，并且能够和学生一起参与讨论。例如，为了让学生更好地了解人的情绪表现形式、学会自控，教师可以通过多媒体播放动画，给学生介绍一个案例供学生分析。

案例：在参加体育课篮球训练时，小文与小夕发生了肢体碰撞。小夕生气地指责小文动作不规范、篮球技术差，让他立即离队。小文感到很难堪，一生气就跑了，跑了一段距离后又原路返回，对着小夕歇斯底里地大吼："你真没有修养、缺乏教养……"并动起手

来，经过其他同学竭力劝阻，小文才平息下来。发泄了自己的愤怒之后，看到小夕生气的模样，小文有些许痛快。

在展示这一案例后，教师可以对学生提出以下问题：小文此时表现出来的是一种什么样的情绪？这样的心理和行为表现具有哪些特点？根据你的理解，你认为小明这样的表现合适吗？然后组织学生进行讨论。

这样，通过具体的案例给学生提出具体的问题，并针对问题组织学生进行合作交流，让学生站在不同的立场，从不同的角度进行分析，探讨事件背后的原因以及解决问题的方法，找出问题的根源。教师要鼓励他们根据自己的理解大胆思考、积极发言，并认真倾听学生提出的各种问题和观点，尊重学生的观点和见解，针对学生出现的问题或者偏离讨论主题的现象，应该进行有针对性的引导，引导学生对问题进行深入的思考和讨论。

第三，做好师生角色定位，认真做好总结评价。实施案例法教学，教师不能简单地灌输知识，而要给学生提供鲜活生动的案例，组织学生分析研讨，做好激励指引。学生不再是被动地接受老师的机械说教，而是成为积极参与互动研究的主体。学生结合自身实际认真研究，在实践中加深认识，以实际行动践行相关理论。教师引导学生分析讨论以后，应该给学生留出更多的时间和空间，让学生对问题进行深入的思考、探究和总结，形成自己的结论性认识。最后，教师要对学生分析讨论的结果进行总结性评价。

例如，在上一案例中，教师在组织学生讨论小文的行为、心理以及应对策略之后，需要针对学生自由讨论阶段的各种观点，进行针对性的评价，允许学生提出不同的观点和看法。教师要对学生的观点和看法进行深入的剖析和点评，对学生正确的认识加以肯定，对学生不同的思考方式方法加以赞扬；同时，对学生出现的问题以及不正确的认识，教师应该加以纠正，并提出一定的见解；最后，还要进行归纳总结，补充有关的知识，再对学生进行方法和技能辅导，提高学生的心理健康水平，让学生能够在教师的总结和评价中受益。教师对案例的点评应该做到因势利导、层次清晰、合乎情理。

第四，注重课堂有效延伸，确保学生有所提升。心理健康教育要能够通过具体的案例，帮助学生更好地掌握相关的心理健康知识，提高学生的心理健康分析能力，帮助学生更好地认识自己。因此，要想真正提高学生的心理健康水平，必须在案例教学的过程中注重课堂的有效延伸，让学生将有关案例中学到的知识、分析方法应用到自己的生活和学习实践中去，从而把知识和技能与社会生活实践有机统一起来，不断提高学生的分析和解决问题的能力。

第五，明确教法实施原则，凸显教法的作用。这体现在三个方面：

首先，保护个人隐私。案例法的实施要遵循一定的原则，首先要保护好当事人的个人隐私。运用案例法开展心理健康教育，为了更具说服力，教师所选的典型案例都是真实案例，其中很多案例就发生在学生身边，当事人有可能就是学生的同学，甚至就是在座的学生，难免会涉及学生的个人隐私，影响到学生的同学关系等。因此，教师一定要保护好当事人的个人隐私，必要时还要争取当事人的理解和支持。

其次，情感因素的融入。要想更好地得到学生的认可，教师需要给学生真实的情感体验。为此，教师在设计相关教学案例时，要考虑情感因素的融入，给学生一个较好的情感体验，提升教学效果。

最后，选择案例时兼顾正反两方面。心理健康教育在很大程度上都是针对学生心理上存在的不良问题展开的。反面案例居多，能够引导学生更好地结合具体问题，分析案例。事实上，适当穿插一些正面案例更有启发作用。因此，教师一定要结合学生的实际问题，在选择案例时，要兼顾正反两方面。

在教学过程中，教师要认真研究学生的心理特点、年龄阶段，针对每一个大学生的心理特点和行为表现采取有针对性的教学活动，切实丰富学生的心理健康知识，提高学生对有关心理健康问题的认识能力，提高他们的自我调节能力，促进大学生形成良好的心理品质，塑造健全的人格。

第四节　大学生心理健康教育政策的经济环境

大学生心理健康教育政策受经济发展水平的影响，对其经济环境进行研究十分必要。研究者提出了建立心理健康教育成本分担机制、专项经费机制和监管机制的建议。

一、研究背景

社会的经济基础决定上层建筑，上层建筑反作用于经济基础。因此，任何一项教育政策的实施都需要经济保障，都需要经济发展为其提供物质基础，否则就无法取得预期的效果。作为教育政策的组成部分，大学生心理健康教育政策也需要经济发展所带来的物质基础和保障。

一项好的心理健康教育政策并不在于它设想得多么美好，也不在于制定者提出的预期目标有多高，而是取决于社会、政府、学校等政策实施主体是否可以承担这一政策的实施成本。显而易见，对大学生心理健康教育政策的实施、执行，一旦超过经济发展水平的预算、投入，就无法达到预期目标，甚至会阻碍教育改革与发展。这就需要对心理健康教育政策的经济环境进行必要的分析。

二、大学生心理健康教育政策的经济环境

所谓经济环境，是指对政策系统有重要影响的各种经济要素的总和，主要由社会生产力和社会关系的发展状况构成，包括生产力的结构、性质（科技发展、国民收入、资源分配等）和生产资料的所有制形式（个人所有、集体所有、国家所有等）。经济环境是人类

社会生活中最基本的环境。政策不可能超越经济环境所提供的条件和要求。只有正确地认识经济环境，才能有效制定和执行政策。教育政策运行的经济环境是指影响教育政策运行的物质资料生产、分配、交换和消费的情况，以及资源、人口、生产力发展水平、人们的生活水平等内容。

三、关于大学生心理健康教育经济环境的改进建议

第一，进一步明确大学生心理健康教育经费投入主体的责任，建立合理的成本分担机制。综观大学生心理健康教育专业政策文本，可以发现，目前我国主要实行的是以政府财政为主体，学校、个人为辅的成本分担机制。但由于地区经济发展水平、经费投入主体重视程度、教师工资收入、素质教育政策执行力等因素的不同，大学生心理健康教育政策的实施出现了差别。建议根据不同地区的实际情况，制定富有针对性的、科学合理的成本分担机制，鼓励吸纳各级各类社会单位、个人承担一定的心理健康教育成本。

第二，落实好大学生心理健康教育专项经费制度。建议在年度教育经费预算中，单独列出心理健康教育专项经费，遵循先有预算、后有支出的原则，严格执行预算，并确保专款专用，不得挪作他用。同时，对心理健康教育专项经费预算进行全过程动态监控，逐步建立健全预算绩效管理体系，增强心理健康教育经费预算执行的严肃性，提高心理健康教育经费预算执行的准确率。

第三，建立相应的监督机制，确保心理健康教育经费的真正落实到位。成立心理健康教育专项资金监管机构，监督相关部门严格按照相关文件规定的比例与标准进行拨款。同时，协调审计部门或组织会计师事务所等第三方机构，对心理健康教育经费的使用情况进行审计、监管，确保真正把心理健康教育经费的每一分钱都用在学生身心健康成长上，切实提升心理健康教育的质量。

第五章 积极心理学视角下的大学生心理健康教育模式研究

第一节 积极心理学视角下的大学生心理健康教育的探索

一、积极心理学概述

（一）积极心理学的兴起

积极心理学兴起于20世纪80年代的美国。当时，美国兴起了以研究人的品质为目的的一场运动，一些美国心理学家将积极的心理因素，如快乐、幸福、乐观等作为研究的切入点，将人的良好品格和积极的态度作为心理学的研究重点，这就是积极心理学兴起的背景。美国当代著名的心理学家马丁·塞利格曼和劳拉·金认为："积极心理学是致力于研究普通人的活力与美德的科学。积极心理学主张研究人类积极的品质，充分挖掘人的固有的、潜在的、具有建设性的力量，促进个人和社会的发展，使人类走向幸福。"从80年代开始，我国高校的心理学教育就开始运用这种教学方法。积极心理学倡导应该注重人格培养和情感体验，大学生心理健康教育是为了及时矫正其心理问题，引导其走向正常的生活与学习道路，所以，将积极心理学引入大学生的心理学教育十分必要。

积极心理学的对立面并不是消极心理学，心理学本身的研究范畴就是一种偏中性的态度，与快乐和悲伤没有关系。积极心理学只不过是对消极心理学研究的一种补充，在传统的心理学研究领域，对消极的心理现象研究较多；但是，在现代社会中，人们的生活节奏越来越快，物质生活不断丰富，但精神世界却在逐渐空虚，心理问题越来越多，人们更多的是通过追求精神上的幸福感以提高生活的质量。在这种情况下，积极心理学的研究就显得尤为重要。从目前研究的范围来看，积极心理学的研究领域一般有三个方面：一是从个人的主观感受出发，研究他们主观意识中的幸福感、满足感，对过去和现在幸福的比较分析；二是研究个人能力，一般是个人的工作学习能力，看待问题、分析问题的能力，爱的能力以及对未来的洞察力等；三是从社会层面进行分析研究，人生活在社会中，要有积极的心理首先得建立积极的家庭、学校和社会环境，这样才能有助于人的健康发展。

（二）积极心理学的特点

积极心理学主要是提倡人们要有积极的生活态度和心理状态。它关注人的优秀的品质和乐观的心态，从客观的角度研究人的优点，并能从客观的角度去看待遇到的问题，不断激发人的潜能，赋予他们不断前进的动力，最终让他们感到幸福。在关注人类优秀品质的同时，人的价值和生存发展方向是积极心理学关注的重点。它将心理学传统的关注重点转向积极的一面，体现出更多的人文色彩，不断提升人的自身价值。科学的研究方法是积极心理学研究的重要手段，所以，科学性是积极心理学的一个重要特点。

（三）积极心理学的作用

在传统的认识过程中，心理学是针对心理有问题的人进行的研究，但这只是片面的看法。普通人的心理也需要被关注，他们也需要更好的心理状态。积极心理学能够让人们不断被积极快乐的东西吸引，从而不断培养幸福感和满足感，让人们生活得更加幸福和快乐。预防是心理学研究的一个重点，更是积极心理学关注的一个重点。心理疾病的产生正是因为疾病发展前期没有得到足够的重视导致病情加重，所以预防心理疾病是关键。积极心理学的另一个作用就是有预防作用，如果当人了解积极心理学的内容，在遇到问题时他就会想到积极的一面，也能及时客观地解决问题，而不是一味地消沉和抱怨，影响心理疾病的治愈。在出现心理问题之后，积极心理学有积极的治疗作用，它能够不断培养病人乐观的生活态度，掌握人际交往的技巧，乐观地看待问题并冷静地处理，不抱怨过去，努力改变现状，积极面对未来。在心理疾病诊疗的过程中，用积极心理学治愈的患者有很多，而且一般都没有后遗症。

二、在大学生心理健康教育中推广积极心理学的意义

当前的大学心理健康教育，仍然以传统的心理疾病预防和矫正为主要的教学目的。一方面，这使学生对心理健康教育产成抵触情绪；另一方面，这不利于心理健康教育的广泛开展。而积极心理学对于普通学生有着一定的教育和宣传作用，对于大学生心理健康教育的发展具有重要的意义。

首先，积极心理学为大学心理健康教育重新设定了目标。普通学生在学习和生活中，即使心理上没有出现明显的问题，但是其他方面的原因可能导致学生的意志和心理长期消沉，对于其学习和发展造成不利的影响。而传统的心理健康教育没有对相关的问题进行充分的重视和研究，导致大学心理健康教育的效果不佳。对此，积极心理学主张对于普通学生应建立积极预防的心理健康教育体系，从正向角度激发学生的积极心理因素；促使学生在正常生活中感受自身的价值，培养学生积极、乐观心态，使学生能够主动挖掘自身的闪光点，促进学生综合素质的提高。学生在学习积极心理因素的同时，会逐步消除自身与心

理健康教育课程的隔阂，由关注负面心理因素转向激发个人潜能与培养健康积极的心态。

其次，积极心理学充实了高校心理教育的内容。在传统的大学生心理健康教育中，学校和教师关注的重点都是心理可能存在问题的学生，导致学校的心理健康教育无法对其他多数学生造成约束和影响。积极心理学增加了心理健康教育的途径，弥补了传统教育模式的不足，创新了大学生心理健康教育方法。

再次，积极心理学是大学心理健康教育的一种创新。传统的心理健康评价体系往往注重对学生的负面情绪和心理问题进行排查和调节。这导致学生可能受到教学内容长期的影响，在心理上出现波动和变化。积极心理学创造性地提出为全体学生树立积极的心理观念，促使学生接触到的心理健康教育内容更加多元化，能够有效克服负面情绪，使自身的心理健康状态得到提升。

最后，积极心理学为培养社会需要的人才奠定基础。从发展的视角来看，大学生心理健康教育属于一种长远性教育。塑造学生积极健康的心理素质，有助于大学生实现个人价值，从而为培养社会发展所需要的人才奠定良好的基础。积极心理学主张以人为本，强调关注人的积极心理因素，发展人的潜能。在这一系列主张的引导下，学生很容易形成积极健康的心态，步入就业岗位之后，他们能够积极应对各种压力与问题。

三、我国大学生心理健康教育中积极心理学的研究现状

我国高校心理学专业对积极心理学的研究比较早，至今已有二三十年的时间，随着高校对心理学的重视，积极心理学的研究也取得了很大的成果，在解决大学生心理问题上做出了突出的贡献。但是，即使研究取得了一定的成果，在大学校园中，仍然存在着很多问题，尤其是有心理疾病的大学生的一些行为给大学生心理健康教育带来了很大的挑战。

（一）大学生心理健康教育缺乏对学生的积极引导

心理学是一门中性的学科，没有好坏之分；但是，从我们认知的角度来看，心理学的研究范畴又分为积极心理学和消极心理学。消极心理学是在人有了心理疾病之后对其进行治疗和干预；而积极心理学主要起到防范和引导的作用，为了让人们的心理呈现最佳状态，让人们的潜力不断被激发出来，生活更加幸福。如今的大学生心理健康教育更加偏向于消极心理学的教育，目的是治疗已经存在的心理问题。这种心理学的教育方法直接忽视了学生的心理发展过程，对学生的心理需求不重视，缺乏积极的引导。

（二）大学生心理健康教育偏重医学研究

目前，我国高校开设的心理学课程在解决大学生心理问题方面取得了不小的成就，对促进大学生的心理健康有一定的积极作用。但是因为传统心理学教学目标将消极心理学作为心理学教育的重点，所以，大学生心理健康教师都将教学的重点偏向于心理问题的研究

上，如焦虑、忧郁、自卑等情况；教育的对象也仅仅局限在有心理问题的学生身上，只是对他们出现的问题进行研究分析，不去过多地关注他们心理的发展过程和未来的发展情况。在课程设置上，大部分高校的心理健康教育都采取选修课的形式，或者以简单的讲座形式。在心理辅导过程中，也采用诊疗式方法；讲座的内容多是针对消极心理问题展开，在讲授的过程中会渲染消极心理的危害性。心理学的教学体系也不够完善，没有完整科学的知识体系。这样势必会让教师和学生更多地关注消极的心理或者不健康的心理状态，而忽视了积极的心理因素，这种干预性的教学方式不利于学生心理健康的发展。消极心理学的教学模式直接否定了心理学的中性特质，忽视了人更需要的是积极的引导，过多地注重医学层面上的"治疗"，而忽视了对心理问题的预防和积极引导；而积极心理学更关注学生优秀品质的培养，而不是去改变其现有的品质特征。

（三）大学生心理健康教育的教育对象有限

目前，高校的大学生心理健康教育关注点在消极心理学方面，研究的理论基础也是消极心理学。大学生心理健康教育者通常认为消除心理疾病就是健康的象征，但是从心理学的角度来看，仅仅没有心理疾病并不代表着健康的心理状态。所以，心理学教育较少关注学生本身的心理状态，尤其是多数学生的心理状态。在具体的操作中，高校大学生心理健康教育在很多情况下处于被动的状态，几乎不会主动去引导学生，而是等有问题的学生主动寻求帮助，再对其进行针对性的诊疗。这种单一性的救助方式并不能让学生具有主动解决心理问题的能力。大学心理健康教育的局限性，使大多数学生并不能从中学到积极的东西。

（四）大学生心理健康教育的师资良莠不齐

目前，高校大学生心理健康教育的师资队伍良莠不齐。这是由两方面的原因造成的：一是，教师数量不足。普通高校心理学教师的数量较少，其中，专业的心理学教师更少，尤其是在一些工科院校更是如此。很多学校都由学生辅导员承担心理学的教学责任，但是由于辅导员工作比较繁重，所以还是很少有人会关注每个学生的心理状况。二是，高校大学生心理健康教育处于一种孤立无援的状态，只有极少数的教师在为学生解决心理问题，其他的教师或者家长、社会都不重视学生的心理问题。通常情况下，学生存在的心理问题很难被发现。因此，亟须建立完整的大学生心理健康教育体系，让更多的人关注学生的心理问题。

四、积极心理学在大学心理健康教育中的应用策略

（一）建立清晰的积极心理学的教育目标

高校应该转变大学生心理健康教育的教学目标，将之前以研究消极心理学为主的教学

目标，转变为以研究积极心理学为主的教学目标；逐渐培养学生乐观、积极的心态，培养他们的幸福感。大学生心理健康教育不仅仅要关注极个别人的心理问题，还要将视野放在所有学生身上。在现在的社会发展背景下，人们的物质生活水平有了很大的提升，他们关注的重点不再是生活所需，更多的是精神的需求。追求精神上的幸福是人类的共同目标。所以，大学生心理健康教育也应该紧跟这一目标，让学生通过校园生活建立积极、乐观的生活态度和正确的人生观和价值观。只有这样，他们才会保持这种健康的心理状态，不断激发他们自身的潜能，使自己的生活更加幸福。

（二）建立完善的积极心理学教育体系，做好正面引导工作

首先教师要让大学生加深对自己的了解，做好正面引导工作，引导学生建立自信心，逐步形成乐观、健康的心态。不管是积极的心理状态，还是消极的心理状态，都是由他们的自我认知引起的。在大学生心理健康教育的过程中，教师要积极地引导学生对自己的心理状态有一个全面的了解，通过课堂所学的内容和社会实践，逐渐加深对自己的了解，懂得自我肯定和自我批评，能够客观地看待生活或学习中出现的问题。从积极心理学的角度来看，对自我的肯定，尤其是对自己长处的挖掘，能不断实现自我价值。在人际交往的过程中，要引导学生善于接受自己和他人的缺点。教师还要不断完善教学模式，努力实现心理健康教育多元化，促进该学科与其他学科的有机结合，从而有效提升教育效果。

（三）完善心理健康教育的评估体系

教师应重视完善心理健康教育的评估体系，从微观层次来分析，大学生心理健康教育的评估主要包括心理辅导教育、心理活动体验教育和心理辅导组织管理的综合评估。在评估过程中，教师应全面了解学生的具体问题与兴趣爱好，然后，针对具体问题予以疏导教育。根据学生的兴趣爱好正确地引导，激发学生的潜能。经过一段时间的教学后，教师可以对学生进行心理测试，并根据测试结果，进一步完善大学生心理健康教育评估体系，以此提高学生的心理健康水平。同时，教师可以定期开展体验式心理活动，如"阳光心理活动""心理信箱""校园心语"等，引导学生自行创办关于大学生心理健康教育的墙报、画廊、手册与板报等，使学生在参与心理健康教育的同时，逐渐形成积极、乐观的心态，并针对体验式活动效果做好评估工作。

（四）发挥积极的心理因素，增强学生的自控能力

教师应充分发挥与挖掘学生的积极心理因素，不断增强学生的自控能力。在开展教学活动的过程中，教师应尊重学生的兴趣爱好与个性天赋，引导学生在发挥个人优势的同时，增强自控能力与自律意识，学会自省。此外，教师应注意进行必要的引导，使学生认识到所谓的"自控能力"，是指一个人的自我调节的能力，是个人对自身的心理和行为的主动掌握，是个体自觉地选择，在没有外界监督的情况下，控制自己的行为，抑制冲动，抵制

诱惑。这样有助于培养学生的自控能力，教导学生严于律己。

在大学生心理健康教育中，教师应该充分运用心理暗示。例如，在课堂教学中，教师要多举一些生活实例，使课堂氛围保持轻松愉快，促进师生之间的平等和尊重等，使学生能够获得轻松愉快的学习体验，并为学生的学习和生活提供帮助。除了心理和行为上的暗示，教师还应该教会学生摆脱负面情绪的方法，消除学生内心的焦虑，减轻学生的心理压力，促使学生以积极的心态调节自身的负面情绪。

（五）营造良好的校园氛围

校园是大学生最主要的生活环境，所以，要想建立积极心理学的教育体系就需要有积极的校园环境。高校环境对学生的心理状态有调节和暗示作用。学生的心理状态和周遭的生活大环境有着密切的联系，因此，学校和教师应该注意对校园环境的构建，促使学生在大环境中保持积极进取的态度。此外，学生较强的环境适应性也是其心理调节能力的重要体现，对此，学校要对刚入学的学生给予特别的关注，促进新生养成积极的生活态度，为学生在学校的长期发展奠定基础。在高校生活中，集体主义是学生必须面对的，一些学生乐于在集体活动中找到自身的价值和定位，从而保持积极的心理状态。部分学生则可能对集体活动持有抵触情绪，在活动中感到不自然。对此，学校和教师应该制订详细的集体活动计划，使不同的学生在活动中找准自身的定位，在校园活动中保持积极的心态。积极的校园环境，还可以促进学生和校园、社会、家庭等多元环境保持密切的联系，使学生能够在不同的环境中及时调节自己的情绪，宣泄学习的压力和焦虑，提高自控能力。

综上所述，积极心理学是心理学领域发展的重要突破，它强调人类积极性格的作用，主张保持积极的心态，促进个人的进步和发展，为社会和谐发展做出贡献。积极心理学从研究原则上重视人的积极态度，避免了心理研究总是讨论负面问题的传统思路，使心理研究能够为普通人的积极健康和生活服务。因此，在大学生心理健康教育中，积极心理学显示出其独特的优势和特点，对大学生心理健康教育有着重要的影响：一方面，其改变了传统的教学思路；另一方面，其改变了教学的具体内容和目的。对此，学校和教师应该更新教育理念，对大学心理健康教育进行更详细的研究，努力提升学生的幸福感，让学生接受积极心理学教育，以达到提升教学效率的目的。

第二节 积极心理学视角下的大学生心理品质培养体系的构建

随着教育水平的不断提高，越来越多的高校将目光转移到学生的心理教育上。积极心理学作为心理学科中的一个分支，主要从积极的角度来深入探究人们的心理健康情况，已经成为当前心理学的主要发展趋势。如何有效地引导大学生构建起积极的心理体系，不管是对于高校培育高素质人才，还是对于学生自身的发展，甚至是社会的发展都具有实际意义。积极的心态可以让大学生逐步构建起积极的情绪管理体系、认知评价体系，以及积极的行为管控体系。将积极心理学的有关理论知识添加到大学生心理健康教育中，能够突破大学生心理健康教育原有的教学模式，即将传统模式中针对大学生心理问题实施的主动干预，逐步调整为心理疏导模式；培养大学生良好的心理素质，真正实现大学生心理健康教育的目标。本节就当前积极心理学的发展情况，深入探究大学生群体的心理健康情况，提出针对大学生积极心理素质的培养方案。

一、积极心理学的基本内容

（一）研究积极情绪

积极心理学主要研究积极的心理情绪在人们日常生活中发挥的作用。从积极心理学角度来说，消极的心理态度可以看作是人们面对外界危险构建起的第一道警戒线，会将人们带入战斗状态，以此来打破或远离危机。积极的心态则会拓宽人们的眼界，提高自身对外界的包容程度以及自身的创造力，能够让人们拥有乐观的心态。

（二）研究积极的人格特质

积极的人格特质是积极心理学中最为基础的部分。在积极心理学中，主要探究了多达24种积极的人格特质，其中包括乐观、自信、成熟的防御体系等。而最为核心的人格特质包括勇敢、仁爱、智慧、节制等。在积极心理学中，将幸福的产生归结为人们可以发现自身的优点和积极的人格特质，同时还可以在日常生活中展现出来。

（三）积极心理学的研究对象

积极心理学也将主要的研究方向集中在社会文化背景方面，认为社会文化背景同人的心理素质、人格特质、创造水平、情感态度，以及心理疾病的治疗等有着密切的关系。一个积极的组织体系包含积极的子系统，其中积极的小系统涵盖稳定的社区关系、高度负责的社交媒体、良好的家庭环境，以及教育水平较高的学校；而积极的大系统则包含民众的责任感、道德水平等。

二、构建大学生积极心理品质的培养体系

（一）培养学生积极的情绪体验

积极心理学的一个主要研究方向便是积极的情绪体验，主要将能够引发个体出现接近性行为或者行为趋势的情绪都划归为积极情绪，表现为个体对过去和现在生活的满足，以及对未来具有乐观期望的心理状态。首先，培养大学生群体的主观幸福感。哈佛大学心理学硕士、哲学和组织行为学博士泰勒·本·沙哈尔提出，幸福的产生应当是快乐同意义的

深度融合。学生可以在日常生活中找到生活的意义。其次，提高大学生对自身情绪的调节能力。著名的情绪调节理论就着重强调了外部环境对个体心理的影响，同时也对环境选择、情境调整给出指导方案。因此，大学生应当主动去营造能够引起积极情绪的外部环境。最后，认知是个体情绪体验中相当关键的要素。差异化的个体在应对相同的环境刺激时，即使认知能力相同也会出现不一样的情绪体验。

（二）培养学生积极的人格特质

积极心理学的目标主要是探究并培养个体的人格特质和积极的心理素质。首先，训练学生构建起积极的思维方式，形成积极的心理品质。在学生的相互讨论交流中，培育他们良好的思维模式。其次，培养学生积极的心理特质。例如，学校可以组织相关的活动，清晰地将属于积极的价值观的内容进行分类，并将这些内容制作成海报张贴在校园之中。此外，还应当按时在校园网等平台讲解积极的价值观的意义。教师和学生针对这些内容进行探讨，深化学生对积极的价值观的认识。最后，将"爱"作为起点，培养并提升学生积极的心理素质，提高其实践能力。例如，教师可以利用感谢信或者爱心救援等活动让学生树立积极的心理特质。

（三）构建积极的心理健康组织系统

积极的社会组织也是积极心理学中较为重要的一环，它不单单是培养人格特质的基础，还是个体出现积极体验的本源所在。积极的社会组织包括国家、企业、家庭以及学校等诸多层面，其在学校中主要发挥的作用为营造良好的教学氛围。积极心理学提出搭建积极的外部环境以及积极的组织体系，这不仅包含积极的个人环境，还有积极的组织体系等，一个稳定的组织系统也是大学生心理健康发展的关键因素。具体体现在四个方面：首先，营造学生发展的积极环境，将个体、家庭、校园以及社会有效结合起来，构成多维的互动模式。其次，制定学生培养方案，主要包括个体情感、内心独白、爱心互助以及成果分享等，并让学生同家人和老师进行有效的沟通。再次，真正将学生互助组织的作用发挥出来，构建出"班级—班委—宿舍—同乡"等学生关系结构。最后，对支持体系来说，最为核心的是校园心理咨询组织，其应当有效完成学生的心理引导并给予相应的咨询服务，确保学生能够接受高质量的心理辅导。

（四）制定积极的心理干预策略

积极心理学还主张制订行之有效的心理治疗方案，将积极心理学的核心理论作为基础，构建起具体的心理治疗方案，强调心理治疗过程中个体应当将注意力放在养成积极心理特质方面，即让患者通过强化自身的积极心理素质来突破心理疾病的束缚，或者防止心理问题的发生。在高校中，可以从以下四个方面制定心理干预策略：第一，在校园中建立危险防范体制，将班级中的班委、舍长以及党员群体作为核心，构建起心理危机的报警体系，利用积极心理学中的基本理论，将学生的亲朋好友的作用发挥出来，尤其是在心理危机警示方面发挥应有的作用，主动关注学生的心理情况。第二，通过积极的心理治疗方案来完成心理咨询，如让学生尽可能地享受美好的一天等活动。上述练习均需要个体深入思考，并分析使自己出现幸福情绪的事情，提高学生的认知水平。第三，完成心理弹性的干预方案。它主要是建立在积极心理学之上，强化学生的心理弹性；可以有效调整学生的认知思维，并降低学生出现心理问题的概率。第四，发挥积极心理学辅导人员的作用，通过团队在情境之中的引领作用帮助学生获得更加深入的心理体验。

综上所述，积极心理学作为心理学研究的新方向，有着广阔的发展前景。在积极心理学理念的指导下，大学生心理健康教育将会极大地提高大学生的心理健康水平，使他们过上更有意义的生活。

第三节　积极心理学视角下的大学生心理危机干预策略研究

随着社会的高速发展与进步，大学生的心理问题越来越突出，各高校根据自身的情况做了大量的工作并建立了多级防御机制，但实际效果并不理想。如何帮助大学生走出心理危机的困境，成为当前我国高校普遍关注的问题之一。从积极心理的视角构建以培养积极心理品质为核心的大学生心理危机防御机制，能够有效推动培养大学生健康人格特质的教育进程，切实提高大学生应对心理危机的能力，有效防止大学生极端心理危机事件的发生。某高校开展的心理健康状况普查发现，低年级到高年级的大学生存在心理危机的比例呈大幅提高的趋势。由此可以看出当前大学生心理危机干预存在的问题与面临的困境。本节从大学生自身、家庭、学校和社会等层面全面、客观地分析大学生心理危机问题的成因，力图构建积极心理学视角下的大学生心理危机干预机制，为有效防止大学生极端心理危机事件的发生提供了创新思路。

一、大学生心理危机的现状及问题

心理危机是指个体在遇到突发事件或面临重大挫折和困难时，当事人自己既不能回避又无法用自己的资源和应激方式来解决时出现的心理反应。针对个体在危急状态出现的一系列负面情绪和行为反应，目前各高校按教育部要求成立了专门的心理健康教育机构，配备了专（兼）职心理健康教师，对大学生的心理危机力图建立早发现、早干预的工作机制，但在实际操作过程中依然面临着许多困难和挑战。

（一）大学生心理危机现状调查情况

笔者使用症状自评量表 SCL-90 对某高校 5295 名大学生进行调查发现：一年级 1585

名学生中，心理异常人数为275人，占测试总人数的17.35%；二年级1389名学生中，心理异常人数为265人，占测试总人数的19.08%；三年级2087名学生中，心理异常人数为454人，占测试总人数的21.75%。在存在心理问题的学生中，一年级学生最突出的症状依次为：强迫症（40.50%）、人际关系敏感（16.50%）、焦虑（18.86%）、恐惧（16.59%）、其他（7.55%）；二年级学生最突出的症状依次为：强迫症（39.96%）、人际关系敏感（28.37%）、其他（11.31%）、焦虑（10.81%）、抑郁（9.01%）、其他（0.54%）；三年级学生最突出的症状依次为：强迫症（43.65%）、人际关系敏感（21.34%）、焦虑（14.77%）、抑郁（12.28%）、其他（7.87%）。通过进一步分析发现，大学生普遍存在心理危机，三个年级的学生的症状主要集中在强迫症、人际关系敏感、焦虑、抑郁和其他等，且从低年级向高年级存在心理危机的学生人数呈增长的态势。

（二）大学生心理危机干预存在的问题与面临的困境

1. 出现心理危机的人数呈不减反增态势

从某高校心理健康状况普查结果中可以看出，存在心理危机的人数从低年级到高年级呈增长态势。现在，各高校都非常重视对大学生心理危机的干预，新生进校后就开展了心理健康状况普查工作，对心理异常的学生建立心理健康教育档案并持续跟进。然而，大学生的整体心理健康水平并未得到显著提高。

2. 过分关注个别学生的消极特质

以往的大学生心理危机干预机制重点关注少数存在心理问题的学生，主要服务对象为具有情绪困扰、适应困难的学生。为防止这类学生发生极端事件，高校往往把工作重心放在所谓的"问题学生"身上，而忽视了对其他学生应有的关注与支持。然而，这种心理危机干预机制并没有抑制心理问题的滋长。

3. 心理危机干预机制流于形式

虽然各高校都做好了针对大学生心理危机的干预机制和预防措施，但基本处于消极被动、疲于应付的状态，很多后期跟踪都流于形式，对存在心理问题的学生没有起到应有的作用，导致高校心理危机干预工作无法落实到位。

4. 社会支持系统参与度较低

当学生依靠自己的力量无法成功应对心理危机时，社会支持系统能够有效化解他们的心理压力。大多数存在心理危机的学生普遍存在强迫症、人际关系敏感、焦虑、抑郁等。他们当中，大多数人都不善于主动寻求帮助。他们在缺乏必要的社会支持，得不到应有的帮助、关心和肯定时，必定会产生更强烈的失败感，引发更严重的心理危机。

二、大学生心理危机的成因分析

随着社会转型与竞争的激烈，大学生的心理危机日益凸显。面对问题和困难，很多大学生采取逃避的方式，上课玩手机、沉迷于网络游戏，甚至逃学旷课等。在这种情况下，大学生更容易出现心理危机。面对这一现实，高校要实现对危机对象早发现、早干预，必须深入研究大学生心理危机产生的原因，探索大学生心理危机干预的创新机制，使大学生实现健康发展。

（一）自身原因

从某高校心理健康状况普查的数据中可知，大学生心理危机的症状主要集中在强迫症、人际关系敏感、焦虑、抑郁等；调查反映出相当一部分学生出现网络成瘾、自控能力差、人际关系紧张、不懂得换位思考等问题。大学生遇到问题时缺乏求助意识，又不愿意花费时间和精力改变这一现状，因此，极易产生心理危机。

（二）家庭原因

任何一场危机事件背后均隐藏着心理危机。失败的家庭会让孩子错失建立规则与自律的最佳时机，特别是父母感情不和、父母离异、单亲家庭的孩子及留守儿童更容易产生冷漠、焦虑、抑郁、敌对等消极情绪，缺乏安全感，容易陷入严重的心理危机状态中。

（三）学校原因

目前高校的心理危机干预体系重点关注出现强迫症、人际关系敏感、抑郁、焦虑等症状的少数学生群体，况且在实际操作中，较难通过一两次心理辅导达到良好的效果。这是由于大学生心理健康状态是动态变化的，如果不能用发展的眼光看待大学生的心理问题，心理危机极可能会出现越来越严重的情况。

（四）社会原因

通过某高校健康状况普查可以发现，有三个症状较为突出：强迫症、人际关系敏感、焦虑。这与价值观缺失、竞争压力过大、对未来考虑过多有直接关系。一旦大学生的情感和需求得不到满足，容易出现更严重的心理危机，甚至出现一些过激行为，成为社会不稳定因素。

三、大学生心理危机干预的策略

要有效提升大学生心理危机干预机制的主动性和实效性，可以从积极心理学理论的视角，把大学生心理健康教育课程与其他具有培育积极心理品质的课程整合到人才培养方案中，实现全员育人导师制贯穿人才培养全过程中。充分利用家校合作的社会支持系统和大数据网络动态预警，构建大学生心理危机多级预警防御机制，将关注重心转向培养具有积极、乐观心态的学生，提高大学生抵御心理危机的能力，努力寻求化解大学生心理危机的策略，从而有效提升大学生心理危机干预机制的主动性和实效性。

（一）目标与定位

心理健康教师要用积极的心态解读心理现象，加强对学生的教育与引导，帮助学生建立自信心，培养学生良好的心理素质，构建良好的育人环境。这也是提升大学生心理危机干预机制主动性和实效性的有效途径。

（二）内容与要求

心理健康教师要激发学生的积极性，使其在学习方式和生活方式、思维方式上都发生明显的变化，培养学生良好的心态，促进大学生的身心健康成长。

（三）方法与途径

1. 构建大学生心理危机"四级"预警防御体系

为了能够及早预防，及时、有效地干预并快速控制心理危机突发事件，要建立健全学校心理咨询中心、院系心理辅导站、班级心理委员、宿舍联络员"四级"预警防御体系。实施异常情况逐级汇报制度，完善应急处理预案，建立应急处理快速通道，形成信息搜集、评估、反馈、防治的大学生心理危机干预机制，减轻或消除可能出现的对他人和社会的危害。

2. 思想政治教育与大学生心理危机干预联动的"三观"正向引导

世界观、人生观和价值观统称为"三观"。大学生处于塑造"三观"的关键时期，学校应充分利用思想政治教育的契机，加强对学生的"三观"教育，培养学生平和的心态、坚强的意志品质、豁达的人生态度与正确的自我归因；帮助处于心理危机中的学生走出困境，提高其心理健康水平，塑造健康的人格，为他们的健康成长奠定坚实的思想基础。

3. 人才培养方案与全员育人课程整合的生命教育辅导

大学教师要在大学生心理健康教育、大学生职业生涯规划、大学生安全教育、大学生思想政治教育等课程中，培养学生健全的人格。人才培养方案与全员育人导师制实现课程整合，培养大学生积极的心态和积极的生活态度。通过学生积极地面对生活中的问题，提升学生的心理健康水平。

4. 构建以社会支持系统为基础的家校共同体，提高学生的心理健康水平

良好的家庭、学校和社会环境能够帮助学生提高心理健康水平。面对突发事件，教师要能够有效地引导学生积极乐观地面对挫折，帮助学生解决心理上的困惑和烦恼，从而激发其积极性，有效预防心理危机的出现。

5. 利用大数据形成心理危机信息网络动态预警

信息技术的普及和发展使电脑和手机变成大学生必备的学习和生活工具。学生在使用门禁系统、图书管理系统、食堂用餐管理系统、学生考勤系统、学生学籍管理系统、微信、微博、QQ、网络购物等过程中，会产生很多反映其个性、情绪变化的实时心理资料。这种方式提供了一种网络动态预警机制，为分析学生是否需要进行心理危机干预提供了更精确的依据。

总之，在大学生心理危机干预的过程中引入积极心理学理论，建立以培养积极乐观态度和积极心理品质为核心的心理危机干预机制，能够有效防止大学生极端心理危机事件的发生，有助于营造和谐的校园氛围。

第四节　积极心理学视角下大学生心理健康教育模式的创新研究

大学生心理健康教育是高校学生工作的重要组成部分。随着时代的发展，传统的大学生心理健康教育模式已无法适应大学生心理发展的需求。高校要充分认识创新心理健康教育模式的必要性和紧迫性，加强对新模式理论的构建和实践探讨，切实推进大学生心理健康教育的全面发展。

20世纪末，西方积极心理学思想以全人类的发展和幸福为目标，改变了传统心理健康教育只重视解决负面问题的传统，强调培养大学生积极的人生态度，充分激发大学生的潜能，进而提高大学生的心理健康水平。

一、大学生心理健康教育模式的基本结构

大学生心理健康教育模式是指营造和谐的大学校园人文环境，培育大学生良好的思维品质，构建包括预防、解决大学生心理问题的基本目标、方法、机制和路径的管理体系，是评估高校心理健康教育成效的基本标准。

（一）基本主体

高校心理健康教育模式的基本主体是实施者和受动者。实施者主要包括心理学教师、高校辅导员、班主任及其他专业课教师。此外，大学生经常接触的同学、亲朋好友等，也在很大程度上影响着大学生的心理健康。受动者是指高校全体在校大学生。

（二）基本客体

基本客体是指心理健康教育模式中的心理问题、影响因素及对策。心理问题主要包括潜在的、即将出现和实际存在的心理问题，构建心理健康教育模式的基本目标是减少和消

除各种不利因素的影响,充分调动各种积极因素,形成有利于大学生成长的和谐氛围,促进其心理健康发展。

(三)中介系统

中介系统是指大学生心理健康教育模式所运用的各种媒介、手段和方法,主要包括四个方面:第一,组织结构,主要是指大学生心理健康教育模式的领导、教学和日常管理机构;第二,师资队伍,主要包括心理学教师、心理咨询师、辅导员、班主任以及其他教育者;第三,教育方法,主要包括应用心理学、教育学、思想政治学以及其他交叉学科的教育方法;第四,教学场所和教学仪器。

(四)基本功能

大学生心理健康教育模式的基本功能是预防并消除学生的心理问题,建立健全大学生健康的心理和人格。它必须包括以下四个方面:其一,能有效解决大学生当前的心理问题;其二,预防大学生可能存在的心理问题;其三,倡导心理健康理念;其四,帮助大学生实现自我心理调节。实现大学生自我心理调节是预防和解决大学生心理问题的最有效、最可靠的方法,也是心理健康教育模式的终极目标。

二、积极心理学视角下创新大学生心理健康教育模式的基本原则

(一)全方位系统原则

大学生心理健康教育应该全方位创新与本校学生实际情况相适合的教育模式。一方面,大学生心理健康教育需要紧密联系学生实际,要具有针对性;另一方面,大学生心理健康教育要及时获取其他院校,以及相关社会机构的支持和帮助,构建相互支持、优势互补的良好教育格局。

(二)理论结合实践原则

创新大学生心理健康教育模式要坚持理论结合实践的原则;要认真分析具体心理辅导和教学过程,并运用相关的理论指导教学实践,再通过实践活动检验相关的理论,进而完善理论。

(三)以学生为中心原则

高校应以学生为中心,创新大学生心理健康教育模式,即在具体的教学过程中,高校要充分发挥大学生的主体作用,尽可能调动他们的积极性。具体表现为:教育者要尊重大学生的想法,主动关心学生,加强彼此间的交流与沟通,切实为大学生的健康成长保驾护航。

（四）可持续发展原则

可持续发展原则就是以大学生为中心，结合大学生身心发展规律，运用科学合理的教学措施，全方位提高大学生的心理素质。因此，大学生心理健康教育要注重提高大学生的认知能力，提高大学生的心理健康水平。

三、积极心理学视角下创新大学生心理健康教育模式的有效路径

（一）形成积极的心理健康教育理念

大学生心理健康教育理念，指高校教育者对大学生心理健康教育的根本认识和态度，决定了其教育价值取向与目标追求，从而直接影响并制约了心理健康教育的成效。传统的心理健康教育理念认为，人的心理是被动的，容易受周围环境或本能的影响和控制。传统的心理健康教育侧重于阻止心理问题的发生，从而达到预防的效果。积极心理学认为，过多关注人的心理负面特质并不利于心理健康，所以，心理健康教师应该培养积极的人生态度。因此，大学生应该充分展现出自身的优势，依靠自身的力量提高自身的心理健康水平。治疗性咨询是大学生心理健康教育必不可少的一部分；但从长远来看，从根本上提高大学生的心理健康水平，消除心理问题隐患，大学生心理健康的预防性教育显得更为重要。因此，大学生心理健康教育应该将重心从咨询治疗向预防性教育转变，凸显大学生心理健康教育的全面性和有效性。

（二）加强对大学生的心理训练

大学生的心理训练是指在心理健康专业教师的指导下，大学生主动对心理状态与行为进行自我调控，提高自身的心理素质；通常包括团体成员的社团活动、心理拓展、潜能训练和团体讨论等。

首先，要培养大学生的积极情感体验。积极的情绪情感能够帮助大学生形成健康的心理状态。教育工作者要善于引导大学生发现学习生活中的趣事，激发大学生的积极情绪体验，使其保持积极乐观的心态，提升大学生的心理抗压能力，增强其幸福感，促进其全面发展。

其次，要培养大学生积极的生活态度。大学生的生活态度直接影响着他们的人生观和价值观。因此，积极心理学视角下的心理健康教育，需要注重培养大学生积极的生活态度，帮助他们用轻松有趣的方式处理问题，引导他们以积极的心态应对生活和学习中的困难和挫折，保持自信、乐观和豁达的生活态度。

（三）指导大学生朋辈心理互助

大学生朋辈心理互助教育模式是心理健康教育中一种极为重要的教育模式，是指受

过一定专业技能训练的学生,在专业心理教师的指导下,深入同学中开展心理互助活动。例如,高校通过设立班级心理委员,经常举办学生心理沙龙,建立大学生心理互助讨论群等。这些措施能促使学生进行深入的心理交流,引起思想和情感的共鸣,调动学生的生活热情和学习积极性,实现心理健康的自助和互助。因此,高校要建立大学生朋辈心理互助工作机制,提供一定的经费,保障学生心理互助活动的顺利开展,并安排心理专业教师定期对参与互助的学生进行心理健康知识和技能培训,确保朋辈心理互助活动取得预期的效果。

(四)开展社会实践渗透式心理健康教育

社会实践是将心理健康教育知识转化为学生心理品质的中间环节。高校可将心理健康教育工作渗透到社会实践中。大学生通过参加各种校内和校外的社会实践活动,加深了情感体验,锻炼了其应对困难的能力,提高了其心理健康水平。大学生社会实践活动丰富多彩,如观摩心理健康影视作品、去敬老院慰问老人、关爱残障儿童、爱心捐助、开展阳光户外拓展训练营等。此外,教师在课堂教学中,也可通过组织趣味课堂活动,如个人分享、集体讨论、角色扮演等,让大学生有更多的展现自我和交流、沟通的机会,激发他们的主动参与意识。大学生可以从中充分感受和体验生活,相互理解,进而提升大学生的心理健康水平。

(五)营造积极向上的校园氛围

大学校园对学生的心理健康培养起着至关重要的作用。心理学研究表明,优美的校园环境可以使人赏心悦目,潜移默化地培养学生的心理素质,有效提高大学生的心理健康水平。因此,学校应该重视大学校园环境的建设,营造有利于大学生心理健康水平提高的校园环境。良好的校风、学风建设,如轻松、和谐的校园氛围,有利于大学生形成积极向上的生活态度;丰富多彩的校园文化活动,可以充分发挥学生的特长。因此,高校要努力营造有利于大学生健康成长的校园文化氛围,不断净化其心灵,不断提高大学生的心理素质。

这种将积极心理学理念融入大学生心理健康教育的教学模式,能够引导和帮助学生主动构建内在积极的心理表征,将所学到的知识内化为自己的生活智慧,是积极心理学视角下的大学生心理健康教育教学模式研究的根本目的。

第五节 积极心理学视角下的大学生心理健康教育教学设计研究

当前,大学生心理健康教育已成为高校预防大学生心理问题突发的重要手段之一。然而,受消极心理学和传统教学模式的影响,该课程存在重理论轻实践、重灌输轻体验、重矫正轻发展、重知识轻能力的问题。因此，如何改革和创新教学设计，使心理健康教育成为更有助于学生应对心理困惑，提高其心理素质的实用性课程，是高校心理健康教育面临的重要研究课题。与此同时，在反思传统心理学及学校心理健康教育困境的前提下，20世纪末，积极心理学的思潮顺势诞生，旨在倡导用一种积极的态度解释各种心理现象，致力于研究人类积极的生活态度。积极体验、积极人格、积极的社会组织系统是积极心理学研究的三大支柱。其中积极体验是核心；积极体验中研究最多的是主观幸福感，在整体上形成了"一个中心三个支撑点"的理论体系。积极心理学的核心思想是心理学研究的关注点应该从单纯的问题取向转移到人类积极的生活态度的研究与培养，通过挖掘人类自身拥有的潜能来达到积极预防和积极治疗的目的。这也为更好地开展大学生心理健康教育活动提供了新的思路。

一、积极心理学视角下大学生心理健康教育教学设计的总体思路

（一）主张突出大学生心理健康教育的发展性目标

根据心理学研究的三大历史使命，大学生心理健康教育通常具有三大功能：一是心理健康教育的教育与发展功能；二是心理健康教育的预防功能；三是心理健康教育的治疗功能。其中第一项功能的价值取向是积极的，后两项功能的价值取向相对消极。目前的大学生心理健康教育教学都过于偏重后两项功能，而忽视了第一项功能，导致大学生心理健康教育的实效大打折扣。积极心理学倡导关注人生的积极的方面，主张心理健康教育的目标回归到"重培养促发展"上，突出大学生心理健康教育的教育与发展功能。

（二）主张构建大学生心理健康教育的积极内容

长期以来，我国的大学生心理健康教育深受传统的消极心理学研究取向的影响，在教学内容的设置上过分关注心理问题的预防与矫正，忽视了学生心理潜能的开发和积极心理品质的培养，偏离了大学生心理健康教育应该以教育与发展为主，促进全体学生的健康成长的最终目标。积极心理学是在反思传统心理健康教育教学模式的基础上产生的，但并不完全否认消极心理学的作用，只是主张将心理健康教育的着力点从关注人的消极方面转移到关注人的积极方面，希望通过积极品质的培养来抵消消极因素的影响。积极心理学还认为"智慧、感恩、乐观、美德、幸福"等积极因素是人类所固有的特质；在教育教学过程中，如果这些积极的特质被培育与强化，那么与其相对的消极的特质就会改变与消退。我国学者孟万金教授基于积极心理学的理念提出了诸如增强主观幸福感、激发心理潜能、提高学习能力、完善积极人格等14项学校心理健康的核心内容。

（三）主张学校心理健康教育实施积极的情感教育，增强学生的主观幸福感

积极心理学认为，学校心理健康教育普及心理知识固然重要，但最根本的还是要通过

培养学生的积极情感，来增强其主观幸福感，塑造其积极的生活态度，帮助其发展积极的人际关系，最终让学生养成一种即使面对困境也能积极寻找积极因素的思维方式，并内化为一种世界观、人生观、价值观。这样学生才能真正感到快乐与幸福。

二、积极心理学视角下大学生心理健康教育教学模式的设计

传统的心理健康教育的教学模式单一与机械，过于重视理论层面的灌输，学生的参与度不够，缺乏亲身体验，更难有情感上的共鸣，未能实现教学相长，教学效果比较差。其实大学生心理健康教育是学生求知的过程，也是师生情感互动的过程。积极心理学理念下的大学生心理健康教育应该注重学生的实际体验，通过积极体验式教学模式让学生学有所得，陶冶大学生的积极情感，增强其主观幸福感。基于此，有学者提出了"分享·体验·内化"的教学模式。该模式是一种情境式、对话式、体验式、应用式的活动过程；是师生、生生共享经验、智慧、知识的过程。具体的操作程序分为四步：

第一，创设情境，融入情感。首先，教学氛围要安全、积极、平等、和谐，要创设一个相互信任、融洽的心理安全环境；其次，教师要积极融入情感，用尊重、真诚、热情、积极的态度对待学生，激发学生的热情与兴趣；最后，用图片、故事、心理剧等形式触动学生的内心世界，感人物所感，思人物所思。

第二，分享与领悟。首先，点题，引导学生了解分享的主题与方向；其次，组织与鼓励，但不评判，让学生彼此交流，使情感和思想产生碰撞；最后，实现学生的自我感悟、自我反思、自我探索。

第三，总结与整合。首先，学生代表进行评述总结；其次，教师进行整体评述与拓展；再次，学生结合教师的评述与拓展进行新旧知识的重构。

第四，实践与内化。通过布置实践任务与课后作业的形式，让学生把所学的相关知识与技能加以应用，通过亲身体验加以内化提升。

三、积极心理学视角下大学生心理健康教育教学评价的设计

传统的教学评价方式对大学生心理健康教育的意义不大且容易误导其组织与实施。在积极心理学思想的指导下，笔者认为，大学生心理健康教育的评价方式应该以学生的主观体验为基础，以学生积极参与、自我分析报告、团体心理剧等形式为手段，关注学生积极人格品质的培养、主观幸福感的形成。在具体评价中实施过程评价，在评价手段上实行自评、他评及心理品质测量相结合的形式。

大学生心理健康教育是高校教育中不可或缺的一部分，传统的心理健康教育课程已不能满足目前高校学生的需求。积极心理学更加关注对学生的积极品质的培养，这与教育的本质相同，同时，改变以消极内容为导向的传统心理健康教育，也能减少消极内容对学生

的影响，从而使学生树立科学的心理健康观念。因此，在大学生心理健康教育中引入积极心理学的理论显得尤为重要。高校应当科学有效地利用积极心理学知识，培养学生积极乐观的心态，从而使学生成为综合发展的人才。

第六章 "互联网+"背景下大学生心理健康教育模式的重塑

第一节 "互联网+"背景下大学生心理健康教育模式的创新研究

大学生心理健康教育是高校教育的重要内容。在"互联网+"背景下，大学生心理健康教育也必须与时俱进，与当前大学生学习的特点相吻合。

一、"互联网+"背景下大学生心理健康教育的现状

大学生作为我国社会主义的建设者和接班人，其心理健康与否不仅关系到大学生个人的未来发展，同时也关系到国家的未来发展与建设。就当前大学生群体的心理健康状况来看，在"互联网+"背景下，各种信息给大学生群体的心理健康状况带来了显著影响。从整体来看，互联网带来的多元化信息，使大学生的价值观念呈现出一定的多元化特征；而从个体方面来看，大学生的自我意识、人格特征等也都出现了一些改变，网络化特征已经较为明显。本节结合"互联网+"背景下大学生心理健康状况，对如何在"互联网+"背景下创新大学生心理健康教育模式进行了分析，希望以此提升我国大学生心理健康教育的水平。

二、"互联网+"背景对大学生心理健康的影响

（一）"互联网+"背景对大学生心理健康的积极影响

"互联网+"背景对当代大学生的心理健康带来了一定的积极影响。首先，借助互联网，大学生能够与远在千里之外的父母、同学、朋友等进行在线沟通与交流，因此，每当大学生遇到心理问题时，可以及时向自己的亲朋好友倾诉，有利于大学生的心理健康水平的提高。其次，伴随着现代互联网的发展，其功能越来越广泛，如各种论坛、App 软件等。这为大学生释放心理压力提供了一条新的途径。大学生可以通过上网释放自己的心理压力。最后，借助互联网，大学生可以便捷地购物。这能够为大学生节省更多的时间，使大学生有更加充足的时间发展自己的兴趣爱好，学习专业知识。这对于大学生心理健康的发展也

具有积极的作用。

（二）"互联网+"背景对大学生心理健康的消极影响

互联网汇集了世界各地五花八门的信息。这些信息对于大学生的心理健康发展有积极的影响，当然也有消极的影响。最为直接的表现便是：当前，很多大学生沉迷于网络游戏，不能自拔，甚至很多大学生因为沉迷网络游戏而荒废学业，最终退学。这主要是由于我国教育体制的影响，大部分学生在上大学之前在学习上花费了大量的时间，缺少放松的机会，这导致大学生普遍认为，上大学就是享受生活，因而，部分大学生将主要的精力都放在了学习以外的地方，在互联网世界中迷失自我，找不到正确的方向。此外，在"互联网+"背景下，很多大学生受到互联网上流传的功利思想的影响，致使个人的思想变得功利化，不论是在学习上，还是在生活中，总是将个人的利益放在最重要的位置，对当代大学生的心理健康成长带来了十分不利的影响。

三、"互联网+"背景下大学生心理健康教育模式的创新

（一）借助互联网扩大心理健康教育的辐射面

在"互联网+"背景下，高校要提升大学生心理健康教育的效果，必然需要对当代大学生的心理健康教育模式进行创新。对此，在未来的大学生心理健康教育过程中，心理健康教师可借助互联网这一广阔的平台，积极扩大大学生心理健康教育的辐射面，从而切实提升大学生心理健康教育的成效。然后，心理健康教师要结合观察到的一些心理问题，借助互联网对大学生进行积极的心理咨询，扩展心理健康教育的辐射面，真正提升大学生心理健康教育的成效。

（二）利用网络教学资源提升心理健康教育的成效

互联网实现了各类心理健康教育教学资源的有效整合，因而，在"互联网+"背景下，开展大学生心理健康教育就要充分利用这些网络资源，针对高校大学生的心理健康状况进行专业评估与教育，切实提升大学生心理健康教育的效果。比如，可以利用高校的心理健康网络教学资源，结合大学生心理健康现状，开展有针对性的心理健康教育讲座，以此帮助当代大学生掌握自己的心理健康状况；教师也能够根据学生的心理状况进行针对性的调节，从而提高心理健康教育的水平。此外，借助互联网这一工具，还可以利用专业教学资源，将心理学专业的专家学者组织起来，通过构建在线平台，让专家学者定期诊断大学生的心理健康状况，提高大学生心理健康教育水平。

（三）构建心理健康教育平台，普及心理健康教育

互联网的特征之一便是通过整合各类信息资源，形成一个公共平台，满足各种人群的

需求。通过互联网构建大学生心理健康教育平台，实际上是起到一种综合教育的作用。比如，通过该平台将高校的各类资源整合在一起，实现资源的优化利用；同时，加强大学生心理健康教育师资队伍建设，提高心理健康教育水平；积极利用互联网上的视频、音频等教学资源，真正提高大学生心理健康教育水平。

第二节 互联网金融背景下大学生的消费观及心理健康教育

互联网金融时代的到来，改变了人们传统的生活方式以及消费观念。在现阶段，人们普遍接受了超前消费这种消费方式，这就为大学生参与校园网络借贷提供了便利的条件，导致许多大学生债务缠身，对心理健康产生了严重的负面影响。因此，本节通过对大学生参与网络借贷的现状进行阐述，分析了大学生的消费观以及消费心理，并针对问题提出了相应的心理健康教育对策，以期帮助大学生养成良好的消费观念和消费习惯，促进大学生的心理健康水平的提高。

随着互联网信息技术的飞速发展，人们的日常生活和学习与互联网息息相关。从这个角度看，在很大程度上，高校网络借贷不仅是大学生通过网络借贷平台实现超前消费的金融活动，也是互联网金融渗透到高等教育领域的必然结果，更是高校网络借贷的提供者和消费者共同产生的结果。因此，及时关注大学生网络借贷现象，引导大学生树立正确的消费观，对大学生的心理健康教育具有重要作用。

一、当代大学生的消费情况

目前，我国大部分大学生的生活费由父母提供，且大部分父母提供的生活费仅够大学生维持基本生活。但部分大学生由于受互联网金融背景，以及攀比、从众等心理的影响，养成了超前消费的习惯。为了满足自己的消费需求，部分学生将视线转向贷款。我们注意到，从更安全、标准化的传统银行贷款产品来看，这些贷款产品仍然主要集中在助学贷款上，难以满足大学生的消费需求。这是因为商业银行的消费贷款业务主要集中在具有偿债能力的人群中。由于大学生收入不稳定，信用风险大，管理成本较高，对于大学生的消费贷款，银行一般是非常谨慎的。因此，部分急于满足消费需求的大学生参与了网络贷款；但他们当中，依靠自身力量还款的很少，大部分需要依靠父母偿还网络贷款。

二、当代大学生的消费心理剖析

第一，攀比心理。大学生参与网络借贷的根本原因是，随着互联网金融时代的发展，人们的消费结构和消费方式发生了变化。一些大学生受"享乐主义"的影响，盲目追求奢侈品牌和高档产品。在消费观念上，他们有着严重的攀比心理，倡导提前消费、提前享受。消费和享受的欲望是无限的，但收入来源是有限的。为了满足他们的购买欲望，一些学生陷入了网络贷款的陷阱。

第二，从众心理。大学生的消费从众心理可以理解为容易跟风，从而导致盲目消费。很多情况下，大学生买东西不是出于自己的需要，而是出于从众心理，即看到其他人或大多数人都有这样的需求，他们就开始盲目地消费。

三、从心理健康教育方面引导大学生树立正确的消费观

由于大学生容易受到社会上各种消费观念和消费方式的影响，很容易形成错误的消费观念。因此，从心理健康教育方面引导大学生树立正确的消费观势在必行。

第一，强化大学生正确的消费观。高校要引导大学生要树立科学的消费观念，进行合理的消费，不要盲目跟其他人进行比较。大学生应明确了解超前消费、攀比消费和盲目消费带来严重后果，必须养成在经济能力允许范围内消费的习惯，合理控制自己的消费欲望。大学生还应该提高辨别是非的能力，不应该盲目追求所谓的"幸福的"生活水平，不合理地购买一些高档化妆品、时尚服装和高档电子产品等。

第二，培养大学生良好的财务管理意识。高校要引导大学生合理分配父母给自己用以学习和生活的费用。大学生活中有很多有趣和有意义的事情，大学生不能把目光投向超出消费能力范围的奢侈品上。大学生可以把生活费的一部分用于自己的投资，这样他们可以提高他们的筛选能力。此外，大学生应树立隐私保护意识，注重个人信息的安全管理，不得随意向他人透露自己的身份证、学生证。这是因为目前许多网络借贷平台的门槛较低，只需提供身份证号码、手机号码和校园卡号等，即可实现网络借贷。然而，许多学生往往没有隐私保护意识，无意间泄露了自己的身份证号码、学生证号码等，被他人用于网络贷款，严重损害了自己的利益。同时，大学生也可以做一些自己感兴趣的兼职，以减轻自己的消费压力，改善自己的生活水平。大学生还要加强与家长、教师的沟通和交流，遇到经济问题要及时寻求帮助，以免落入网络借贷的陷阱中。最后，大学生要加强法律意识，明确什么是合法的行为，以及如何在网络借贷后保护自己的合法权益。

第三，开展心理卫生知识宣传和培训。高校可以利用校园广播等媒体传播心理健康知识，或在校园的宣传栏上设立与心理健康有关的栏目；定期举办心理健康教育课程或心理健康专家讲座，广泛宣传心理健康的重要性和预防精神疾病的方法；使大学生认识到心理健康教育的重要性。学校还可以通过开设相关的公共课程来对大学生进行消费观和理财教育，帮助其形成科学理性的消费观念，让大学生能够掌握克服自己不良消费心理的方法和技巧，树立信心，缓解压力，保持健康、积极的态度，形成科学的消费观念。

第四，开设心理咨询和治疗通道。对于高校来说，必须不断拓展大学生心理健康教育的渠道和空间，形成大学生心理健康教育的合力。可以组织人员开展各种心理咨询和治疗，

如设立热线、建立在线咨询渠道、设立心理咨询治疗室等。心理咨询教师运用心理学知识、原则和相关理论技术，通过面对面或团体辅导等形式，帮助学生缓解心理压力，为大学生解决心理问题。同时，在进行心理咨询和治疗时，适当加大社会正能量的宣传力度，使学生提高自己的生活追求，培养正确的消费观念，逐步形成不虚荣、不攀比、健康的消费心理。

综上可知，研究大学生的消费行为和消费心理，对把握社会消费现状，对形成良好的社会消费习惯和消费风气具有重要的意义。通过本节的分析和相应的建议，希望为大学生的消费心理健康教育的研究提供一些理论和实践方面的参考。

第三节 "互联网+"背景下体验式教学在大学生心理健康教育中的应用

"互联网+"背景下，将体验式教学应用于大学生心理健康教育课程中，能够提高心理健康教育的深度和广度，提高大学生的心理素质。但是"互联网+"背景下的心理健康教育环境跟传统教学环境相比存在较大的差异，在应用教学过程中仍然存在一些问题，影响心理健康教育活动的开展。本节首先介绍了"互联网+"背景下，在大学生心理健康教育中应用体验式教学的作用，随后分析了"互联网+"背景下，在大学生心理健康教育课程中应用体验式教学面临的问题，最后总结出"互联网+"背景下，运用体验式教学提升大学生心理健康教育课程质量的策略，旨在推进大学生心理健康教育教学模式的创新。

一、"互联网+"背景下在大学生心理健康教育课程中应用体验式教学的作用

（一）调动大学生的学习热情

以创设真实的特定情境，引导学生互动交流，是新时代大学生心理健康教育课程的教学理念。大学生心理健康教育课的教学目的是帮助大学生提高心理素质，掌握调节情绪的方法；其教学效果需要通过学生个体的心理体验来体现。体验式教学打破了传统大学生心理健康教育教学的讲授模式，采取互动式、体验式的教学方式，让学生在亲身体验过程中理解并运用心理健康知识。"互联网+"背景下的体验式教学，教师可以结合具体的教学内容，通过运用各种互联网技术构建出仿真情境，以此激发学生的学习兴趣。创设出的仿真情境可以极大地调动学生的学习热情。

（二）丰富大学生心理健康教育的课堂形式

特定的情境会产生特定的体验。当学生初步接触到教师创设的体验情境时，由于对体验事件的了解程度不深，可能会处于一种略显慌乱的体验状态。情境体验的真实感较差，体验的目的较模糊，需要经过组织加工，才能起到心理健康教育的作用。教师可以利用先

进的教学方法和丰富的网络教育资源，丰富大学生心理健康教育的课堂形式，激发学生的学习兴趣。比如，教师可以构建以"多媒体课堂—情境体验—互动分享"三位一体的教学课堂形式，让学生通过多形式教学课堂进行心理健康知识的学习和互动交流，以此形成以教师为主导、学生为主体的体验式教学课堂，进而达到教学目的。

二、"互联网＋"背景下在大学生心理健康教育课程中应用体验式教学面临的问题

（一）师资力量薄弱，缺乏专业教师

心理健康教师的专业水平和实践能力决定着教学质量。在实际教学活动中，任课教师能够有效地运用体验式教学，帮助学生形成良好的心理素质。但是目前高校内的任课教师主要由心理学专业教师和教育学教师组成，这些教师大多没有接受过系统、科学的体验式教学培训，专业任课教师较为缺乏。而且，在具体教学实践中，部分任课教师仍然采用传统的教学思维进行体验式教学，如过分注重教学任务的完成，忽略了学生的心理体验和冲突，在实际教学环节中无法有效化解学生在体验过程中产生的矛盾。

（二）学生对体验式教学的认识比较片面

心理健康教育是一门以提高学生心理素质为目的的课程。有效地运用体验式教学可以激发学生的学习兴趣，提高学生的学习积极性，从而提高教学效率。但是现阶段学生对于体验式教学的认识还比较片面，具体体现在以下两个方面。首先，学生对于心理健康教育存在误解。很多学生片面地认为只有存在心理问题的学生，才有必要学习心理健康教育课程，认为学生心理健康教育是"治疗心理疾病"的课程。这导致学生上课的积极性不高。其次，学生对体验式教学的目的不明确。大多数学校对于体验式教学的教学内容、场地等方面不够重视，致使其教学过程倾向游戏化、娱乐化，导致学生对体验式教学的目的没有明确的认识，参与的积极性不高。

（三）教学课程内容比较单一

在心理健康教育课程中开展体验式教学，能够帮助学生掌握心理健康知识，获得不同的心理体验。体验式教学跟传统教学有着明显区别，其教学内容应该具有一定的广度和深度，同时也应该注重每个学生的感受。现阶段，体验式教学虽然得到了越来越多的应用，但是在心理健康教育课程中，体验式教学课程内容比较单一，素质训练活动也比较少。体验式心理健康教育课程的重点是加强学生的心理素质和内心体验，以此帮助他们成为全面发展的高素质人才。所以，在开展体验式教学的过程中，教师应该不断丰富教学内容，根据学生的思维特点和现实需求设计体验教学内容，力求做到实用性、针对性以及趣味性并存，以此帮助大学生获得心理成长。

三、"互联网+"背景下运用体验式教学提升大学生心理健康教育课程质量的策略

（一）提升体验式教学水平，推进教学改革

从本质方面分析，心理健康教育课程适合运用体验式教学，因为体验可以触发情绪感受，而感受可以带来反思，反思进而影响认知行为，这体现出心理健康教育课程的实用性。"互联网+"背景下，体验式教学的核心是学生体验、反思和行为改变的过程，其中关键是学生的体验。因此，大学生心理健康教育课程要不断提升体验式教学水平，提升学生的体验效果，从而帮助学生加深对自己的了解。首先，高校应该加强心理健康教师的专业培训，改进和创新体验式教学体系，以此不断提高教学水平，推进心理教育健康课程改革。其次，心理健康教师也要加深对体验式教学的意义的理解，转变传统心理健康教育的教学观念，灵活运用各种网络技术创设新型心理健康教育课堂，以此提升体验式教学水平，提高心理健康教育的深度和广度。

（二）以学生为主体，丰富体验式教学的实践活动

在大学生心理健康教育中运用体验式教学，一定要注重以学生为主体的原则，把激发学生的学习主动性放在教学目标的首要位置，打破过去以教师为主体的传统教学理念。随着体验式教学在心理健康教育课程中广泛应用，在体验式教学的运用过程中也存在一些问题，其中最明显的就是大学生对心理健康教育的认知程度不高。虽然他们对心理健康知识充满好奇心，但是缺乏系统的学习。为了从根本上提高学生的学习积极性，进行主题教育推广活动必不可少。首先，根据学生的心理需求和特点，传授心理健康教育知识，促使学生正确认识并积极参与到体验式教学活动中；同时，也应该积极创新体验式教学活动的内容，并运用网络技术进行优化和改革，如建立心理咨询网站等网络平台。

（三）转变体验式教学的方式，创新教学方法

当下，大学生成长在网络信息技术发展迅速的环境中，互联网技术让他们获取资讯更加方便快捷，从而使他们在行为方式和心理特征上呈现出多样性、独特性和复杂性的特点。随着现代化教育的不断推进，新时代下心理健康教育课程的教学方式也要与时俱进，不断创新"以学生为主体"的体验式教学方法，以此满足大学生的个性发展需求。首先，应该让学生成为课堂的主人，让教学内容更加贴近学生的现实生活，营造出良好的氛围。其次，应该积极开展以提升大学生心理素质为主题的实践活动，如情境模仿活动、心理小游戏、角色扮演等。同时，在这些实践活动中灵活运用网络信息技术，充分发挥网络技术的教学优势。

第四节　互联网对当代大学生心理健康的影响及教育对策

互联网进入大学校园已经成为一个十分普遍的现象。互联网能够为大学生带来丰富的网络资源、广阔的视野等便利条件。网络游戏以及上网聊天已成为大学生网络生活的一个重要组成部分，过度使用网络，导致某些自控力较差的大学生出现了"网络成瘾症"等严重的心理问题。这样的状况就要求心理健康方面的教育工作者必须全面分析，找出最为有效的举措，对大学生进行科学合理的引导，让互联网发挥对大学生心理健康的积极影响，保证大学生能够健康地成长。

一、互联网对当代大学生心理健康的积极影响

首先，互联网可以开阔学生的视野。当大学生进入互联网的世界后，他们能够开阔自己的眼界，丰富自己的课余生活，搜集学习资源，掌握新的技能，学习科学文化知识等。其次，互联网文化在很大程度上激发了大学生对知识的求知欲，丰富了大学生掌握知识的渠道。大学生通过互联网的帮助，能够找到自己今后的发展方向，同时获得相应的学习资源以及发展动力；通过互联网进行学习、研究，甚至创新，让自己的思维模式实现突破，充分激发自己的潜能。最后，互联网为大学生创造了一个彰显个性的自由世界。在互联网这样一个虚拟的世界里，大学生可以根据自己的喜好去扮演任何一种角色，彰显自己在现实生活中不敢显露的独特个性，还可以制作属于自己的网站与其他人进行沟通，在一定程度上提高了大学生的自信心和成就感。

二、互联网对当代大学生心理健康的消极影响

第一，个体和现实社会的交流越来越少，形成人际关系障碍。从根本上来讲，心理健康的一个重要标准便是人际关系。大学生如若想要拥有良好的人际关系，就必须将自己投入到现实生活当中，多与现实社会进行互动，并且多与现实中的其他大学生群体进行交往，这样大家才可以互相关心、互相爱护，产生一定的信任感，形成共同的价值观念。这不是说几句话、做几件事情就可以轻松完成的，它需要在日常生活的点点滴滴做起。但是，对于那些完全沉迷于互联网的人来讲，他们在互联网上进行交往的时间比较多，往往长时间与计算机接触。沉迷于互联网世界当中的大学生慢慢开始脱离现实社会群体，不愿意参加社团活动或集体活动，慢慢远离了现实中的亲人和朋友，与现实中的人群形成了很强的距离感。

另外，长时间使用互联网交往，很容易导致大学生的人际交往能力减弱，很容易形成

焦虑以及压抑的情绪。这些不良的情绪和心理又在现实生活中无处释放，进而给大学生带来了严重的心理负担，严重影响了大学生正常的生活。在互联网世界中，大学生无法确定与自己交流的对象的真实年龄、外貌、性别，更无法清楚地了解到对方的心理，所以，经常会出现这样的状况：在互联网世界中是对方的贴心朋友，但到了现实世界中却是陌生人。

第二，情感问题逐渐增多，道德观念逐渐淡化。在大学生的互联网交往当中，最为主要的一个领域便是情感交往。现阶段，大学生处于一个情感体验的关键阶段。他们往往十分渴望与异性交往，这是十分正常的一个阶段。然而，在现实生活中，大学生往往难以表达自己的情感，害怕和异性进行过多的接触。因此，他们便在互联网的世界中寻求这种情感的释放。

第三，容易形成"网络成瘾症"。首先，互联网当中有着各式各样的新鲜事物，对大学生有着巨大的吸引力，很多大学生因此痴迷于互联网世界；其次，在现实社会当中，大学生进行情感交流会受到教师以及周围人的引导或是评价，而在互联网世界中却不会受到这样的限制。为此，有的大学生更加沉迷网络，对现实生活中的任何事情都无法产生兴趣。

三、互联网环境下大学生心理健康教育的对策

现阶段，互联网给大学生心理健康带来的消极影响十分明显，这引起了社会各界的广泛关注。同时，高校应当认真分析，找到最适合的教育对策，引导大学生合理地使用互联网，并为大学生创造一个健康的网络环境。

第一，强化网络世界的心理健康教育功能。互联网在现实社会中占据了至关重要的地位，因此，我们必须重视互联网的作用。首先，加强高校互联网信息资源的挖掘及开发，形成阵地意识，充分发挥互联网的作用。并且，推动高等院校心理健康工作网络化的进度，充分使用互联网等形式的心理健康教育信息，对当代大学生的行为、思想观念进行全面的感知、引导和适当调节。其次，创建有关心理健康教育的官方网站，进行心理咨询。这种网络的咨询必须利用互联网保密性高、传播范围广、方便快捷的优点，为大学生提供心理健康咨询的专业服务及合理指导。这项工作必须紧紧抓住大学生上网的心理特点、在互联网中进行人际交往的心理状况，以及网络中存在的心理障碍等几大主要的心理问题，有计划、有目的地进行心理辅导工作，及时抑制心理问题的萌芽。

第二，提升大学生的认知能力。大学生与互联网世界接触后，会被其中丰富多彩的信息所吸引，但他们无法筛选出有效、真实和健康的信息。那么作为心理健康教育工作者，就要帮助大学生提高认知能力，让他们学会分辨网络信息中的真伪。首先，要在日常教育工作中慢慢引导大学生形成自主搜集信息、获取信息和使用信息的综合能力，培养大学生独立思考的能力；教导他们学会筛选信息，从中找到自己所需要的正确信息。其次，还要帮助大学生形成正确的三观，利用讲座、社会实践等活动，帮助大学生形成高尚的品德素质，让大学生可以自觉抵抗不健康信息的影响。

第三，加强高等院校的校园文化建设。高等院校利用多样化的校园文化活动，积极引导大学生参与校园文化活动的建设当中。通过举办科技竞赛大比拼、网络读物分享等活动，广泛吸引大学生的注意力，让大学生避免对互联网产生严重的依赖性。同时，增强大学生对互联网的适应能力，在某些层面上还可以提升大学生的创业能力，提高其自主创新的能力。

第四，加大对某些大学生网络成瘾症心理的调节力度。现阶段，国内及国外的研究学者开始重点针对网络成瘾症进行临床方面的研究。通过研究进一步发现，网络成瘾症是一个十分广泛的概念，牵扯到很多方面的因素，并不能够通过全面禁止的方式来缓解这种症状。所以，对于患有网络成瘾症的大学生，高校应当采取合理疏导的方式，帮助大学生慢慢摆脱网络成瘾症的困扰。

第五，利用心理健康教育工作对大学生进行科学合理的引导，帮助他们正确合理地使用互联网，让大学生在多姿多彩的互联网世界中彰显个性，获取知识、开阔眼界，而不是在互联网中迷失自己。拥有互联网知识的当代大学生，是我国今后发展的重要力量，作为心理健康教育工作者来讲，我们应当对其进行科学的引导，让他们能够健康地成长。

第五节 "互联网+"背景下大学生心理健康教育的新途径

随着网络和科学技术的进步，人们的日常工作和学习越发离不开互联网。就目前来说，信息资源的迅速发展让互联网时代迅速来临。在这种环境下成长的大学生，从小就接触网络；大学生的学习、生活和网络之间建立了密切的关系。经济的增长对社会的发展发挥了重要的作用，但是也产生了一些不利因素。大学生受这些负面因素的影响，逐渐产生一些负面的心理状态，进而导致更严重的问题产生。面对这些问题，心理健康教育工作者应立足自身职责的要求，致力于网络时代大学生的心理健康教育。本节通过针对目前"互联网+"背景下中的大学生群体，提出了"互联网+"背景下大学生心理健康教育的方法，分析了该心理健康教育方法的优势，希望对相关的心理健康辅导提供一定的借鉴与帮助。

一、互联网技术为大学生心理健康教育提供新途径

当前，网络在与心理健康教育相结合的过程中，具有时代性、便捷性和超越时空的特点。网络心理健康教育是心理健康教育的新途径。在互联网技术的支持下，心理健康教育呈现出互动性、多元性、个体性、自主性等特点。

第一，拓展心理健康教育工作时空。互联网的一个重要特征是它超越了时间和空间的限制，信息和资源可以通过网络技术在世界各地传播。这个时代的大学生可以随时在互联网上自由地获取资源和收集信息，他们的学习和生活也越来越依赖互联网。网络已成为大

学生心理健康教育的必要条件。在此背景下，通过网络环境与大学生自由交流，可以帮助有心理问题的学生及时纠正心理问题，走出阴影。同时，网络心理健康教育的形式也不断丰富起来。这些网络平台被认为是一个可以在这个空间里畅所欲言的地方。毫无疑问，网络心理健康教育比面对面教育更具隐私性。

第二，增强心理健康教育干预效果。在目前的传统的教育方式中，心理健康教育没有新的教学内容，并且因为现在的大学生更不愿意与他人进行交流，导致很多心理健康咨询处的作用降低。往往是心理健康咨询处建立后，很长一段时间内只有几个学生来进行心理咨询。这种状态持续下去不利于教师及时掌握学生的心理状况，最终会导致心理咨询教育者逐渐失去耐心，不能够及时更新知识，不利于心理健康教育的持续发展。然而，一些社交网络工具或平台被大学生用来表达他们的真实想法。对此，心理健康教育者可以利用网络对大学生开展心理健康教育，在这一过程中，获得更多真实和丰富的实践数据，然后根据获得的数据对学生出现的心理问题加以纠正。

二、大学生心理健康教育在互联网环境下存在的问题

第一，大学生的成长与发展环境复杂化。当代大学生在学习、就业、人际关系、经济等方面都面临着各种各样的问题。他们在学习、就业方面的竞争日趋激烈。大学生成长环境的复杂性，使校园环境不再是过去简单的模式。社会节奏的变化使学校发生了变化。这些问题已经成为大学生成长与发展的两难困境。

第二，大学生的心理问题多样化。在网络时代，大学生成长与发展环境的复杂性导致他们当中一部分人出现多种心理问题，主要表现为认知困惑、人格障碍、沟通障碍、情感疏离、网络成瘾等。

第三，心理教育工作者的调控能力有限。网络时代的大学生在心理问题上表现出这个时代的特点。网络存在太多的不确定性。各种政治、经济、文化和社会信息在网络中无处不在。有些信息是正确的，有些信息是错误的。许多错误的信息会对大学生产生误导。因此，心理健康教育工作者必须与时俱进，勤于观察，总结经验，寻找新的心理健康教育方法来应对大学生的心理问题。

三、网络时代大学生心理健康教育工作的创新方式

在网络时代，大学生的心理问题是很难避免的。根据时代特点，寻求解决大学生心理问题的途径是全社会的任务。鉴于网络时代大学生的心理问题主要表现在理论和实践上，在寻求解决办法时应予以考虑。从这两个维度突破，在整个过程中，心理健康教育工作者的责任和使命尤为艰巨。具体而言，主要应从三个方面探讨网络时代大学生心理健康教育的创新方式。

第一,加大网络时代心理健康教育的理论研究。理论是实践的指导。预防和纠正大学生的心理健康问题是一项实践性工作。在网络时代,大学生的心理问题的表现往往与以往的理论不一样。针对这种新的环境和形式,心理健康教育工作者要根据经济、政治、社会等因素的变化,结合大学生自身的成长特点,加强网络时代心理健康教育的理论研究,满足大学生的发展需要。加强网络时代心理健康教育的理论研究需要政府的支持。政府应在这一领域投入更多的资金,为科学研究提供财政支持和政策支持。社会应建立相应的机制,促进心理健康教育理论研究的突破和发展。

第二,构建有效微课学习平台。有教育专家表明,在学习过程中,学生的高效率学习的时间只能维持在10分钟左右,若大于这个时间,学生就会逐渐丧失学习的兴趣,学习效率会进一步降低。若互联网视频教育的时间过长,那么同样学生的学习兴趣也会降低,最终会出现厌学的情况。所以,在平时的学习过程中,教师要合理把控课件的时间,吸引学生的学习兴趣,保证学生的学习效率。

进入新时代,网络心理健康教育的发展是大学生心理健康教育的新途径。通过互联网进行心理健康教育在近些年来逐步兴起,并且取得了良好的反响,产生了一定的效果。

第六节 "'互联网+'教育"趋势下大学生心理健康教育教师师能的提升

在高校全面推进心理健康教育课程建设的过程中,教师师能的高低直接决定心理健康教育的效果。本节通过对大学生心理健康教育课程特点的再认识,对"'互联网+'教育"趋势下高校心理健康教育教师的师能进行思考,提出了提升其师能的方法。

科技在不断进步,时代在快速变迁,在互联网技术的春天里,"'互联网+'教育"应运而生,心理健康教育教师应该顺应这种变化,努力提升师能,应用互联网技术解决传统教育模式下不能解决的问题,不断提高教学质量。

一、大学生心理健康教育课程的特点

大学生心理健康课程是一门集知识、体验、实践为一体的综合性课程,通过教学体验激发学生的自我感知和心灵成长,与知识型课程有所不同:

知识型课程强调知识性,通常以经典理论和前沿科学作为教学重点,其主要基础是间接经验,教学目的是传授系统的学科知识。而心理健康教育课程的主要教学目标是促进学生健康成长和发展,是不断生成、自主建构的过程,课程教学更倾向于以直接经验为基础,强调学生的体验和认知。

传统讲授式教学通常以教师为中心,教师是知识的传授者,在教学中起主导作用,学生作为知识传授的对象,是课堂内容的接受者。而大学生心理健康课程则利用心理学的专

业特点，将团体心理训练融入知识教学，是强调体验性、互动性、实践性的理论与操作相结合的课程。此课程的教学以学生为中心，学生是课程教学的主体，课堂教学过程是教师促进学生主动建构心理的过程。因此，在教学形式上遵循"以学生为本"的原则。

传统教学评价重视的是学生对知识的掌握情况和实际应用的能力，书面考试、实验考核、实训操作是评价的最重要方式。而大学生心理健康教育课程的教学效果取决于学生是否产生了真实的体验，更加强调过程性评价、动态性评价和情境性评价。

鉴于心理健康教育课程与知识型课程的差异性，尤其在"'互联网+'教育"趋势下各种新的教育技术、教学形式的诞生，心理健康教育课程教师更需要提高自身能力，突破传统教学模式，充分利用互联网教学技术，摸索出更加科学合理的教学模式。

二、"'互联网+'教育"趋势下师能的内涵

"'互联网+'教育"是指借助互联网搭建教育工作载体，转变传统的教学方式，切实将互联网融入教育工作的方方面面；更加注重学习者的自主学习能力。这种模式不仅打破了传统教学中时间与空间的限制，更是教育工作发展的转型，由此给教育工作者带来了诸多挑战。新时期，教师应迅速转变自身的教学观念，掌握新型的教学模式，以适应这一趋势。

所谓师能，即教师的职业能力与教育教学技能，指教师从事教育工作和教学、科学研究的基本能力。高校教师是集教学与科研于一身，学术研究与教学实践相结合的教育工作者，要具有宽厚的专业基础、扎实的学科知识、出色的教育教学工作能力。"'互联网+'教育"趋势下，师能主要表现为知识建构能力、课程建设能力、信息技术运用能力等几个方面。

（一）知识建构能力

1. 理论知识基础

"互联网+"背景下，知识和信息的获取渠道更加多样化。心理健康教育是一门高度综合性的应用型课程，涉及的理论知识包括普通心理学、发展心理学、社会心理学、咨询心理学、团体心理学等。要上好这门课，教师必须借助互联网广泛收集心理健康教育理论知识，并将相关知识融会贯通。只有具备扎实的基础知识和较高的学术水平，才能在教学过程中深入浅出地传授知识。教师丰富的知识能让学生产生信赖感及发自内心的认同和尊重，并转化成榜样的力量，有利于提高学生的学习热情，促使教学过程顺利进行。

2. 科学研究能力

心理健康教育教师还应具备一定的科研能力，通过对心理学和心理健康教育的科学研究，进一步完善知识结构，提高学术水平，加深对相关主题的理解与认识。同时，心理健

康教师要通过提高自身科研意识，提高科研能力，指导教育教学实践活动，挖掘学生的潜能，提高学生的素质。

（二）课程建设能力

1. 具备教学活动设计能力

心理健康课程需要借助互联网，通过体验式教学达成教学目标，因此，心理健康教育教师需要灵活掌握多种教学方法，尤其是线上线下融合的教学方法，将知识融入体验之中，丰富教学内容，以达到较好的教学效果，提高教学质量。

2. 具备课堂组织能力

教学过程是教和学的双边活动，是教师与学生之间的交互活动，是教师落实教学设计的关键环节。要使教学活动和谐有序且能最大限度地使学生发挥自己的潜能，教师需要有良好的课堂组织能力，能够有效调动学生的主动性，让学生在教学过程中能够高效地学习。

3. 成为学生的学习顾问和评估者

心理健康教育教师在授课过程中，不仅要教学生知识，更重要的是教会学生学习的方法。通过学习方法的传授，培养学生的自学能力，使其在课堂之外也能获取所需的知识与经验，提高心理健康水平。另外，心理健康教育课程承载着心理健康教育功能，要求教师有一定的心理评估能力，能及时发现面临心理困扰，需要心理辅导的学生，帮助他们摆脱心理困境。

（三）信息技术运用能力

1. 网络信息整合能力

我们处在互联网兴盛的时代，各种网络平台上的海量资源随时可以成为教学素材。能够熟练地通过网络获取有用的、可用的教育信息，并将其融入教学中，是每一位心理健康教育教师应该具备的能力。

2. 驾驭数字资源开展教学的能力

心理健康教育教师应该能够利用计算机辅助教学，如通过图片、背景音乐、动画、视频等多媒体课件使教学内容更加丰富，此外，还应该积极发掘最新的网络教育软件或者手机 App 来辅助教学。

3. 具备开发数字资源的能力

心理健康教育教师要具备电子资源制作的能力，如制作教学视频、微课等。同时，积极开发在线网络资源，将优秀的教学设计、课程活动等课程教学资源用文本、动画、音频、视频等方式呈现出来，上传到互联网平台，供他人学习借鉴。

（四）富有创新能力

创新能力是教师师能的灵魂，富有创造性的教师总是善于吸收最新的教育科学成果。"互联网+"背景下，信息更新迭代异常迅速，能够积极地将最新知识成果运用到教育教学及教学管理过程中，形成独到见解，并在实践中不断创新，发现各种行之有效的新的教学方法，是心理健康教育教师应具备的能力。

在教学内容的选择上，教师要有很强的驾驭教材的能力，将相对陈旧的知识用新的方式去呈现，增强趣味性与吸引力；在教学组织上，教师要对不同班级、不同学生的课堂反应有较强的敏感性，做出有针对性的调整，因材施教。在教学技巧上，要善于变换各种教学手段，根据学生的思想动态和实际的心理需求选取有效的方式鼓励学生；在教学风格上，教师要走近学生，以幽默风趣的教学语言吸引学生，从而提升教学效果。

三、"互联网+"形势下心理健康教育教师的师能提升

在"'互联网+'教育"趋势下，结合心理健康教育课程的特点，可以从以下几个方面提升心理健康教育教师的师能：

（一）高校对心理健康教育教师的师能培养

1. 充分利用既有资源开展培训

由于心理健康教育教师接受的计算机、网络应用训练较少，相关能力可能有所欠缺，因此，高校可从实际出发，利用本校既有专业资源开展计算机操作和信息化能力培训，或选派教师到校外参加相关的信息化教学培训等，使其接受最新的知识、技术，把握最新的学术动态，为其更好地利用信息化技术打下基础，创造条件。

2. 充分发挥"结对互助"的积极作用

高校可以请具备扎实信息化教学能力，或具有丰富信息化教学经验的教师作为指导专家，有针对性地对经验不足的教师进行信息教学指导，在提高其信息化教学技能的同时，通过有经验教师的指导，促进经验不足的教师积极主动地探索、实现教学信息化。

3. 增强教师的职业认同感

教师的职业认同感决定了教师工作的基本态度，深深影响着教师对自我、对职业的感受。教师只有建立了内在的职业认同，其工作的积极性才会高，工作成效才会显著，才会有发自内心的精神满足，切实感受到职业带来的幸福感。高校应大力推进教师师能提升，增强教师的职业认同。同时，应将教师师能纳入个人发展的考察范畴，树立师能榜样，使其沉浸在师能提升的良好环境中。

（二）心理健康教育教师自身师能建设

1. 自主学习信息技术，提高教育教学技能

心理健康教育教师要加强自主学习。可以通过网络资源主动学习信息化的教学手段和技术；还可以通过心理健康教育在线开放课程，学习优秀的心理健康教育教师如何使用信息化手段开展教学设计、教学评价等。

2. 积极开展教学研究，向专家型教师转变

心理健康教育教师要通过相关的研究使自己成为教学方面的专家，合理利用心理学、教育学的研究方法，深入了解学生的心理特征、知识水平、学习能力等，从而更有效地开展教学。同时，通过开展师生座谈会等多种形式的教研活动，取长补短，总结经验教训，不断改进教学方法，不断提高教学能力，逐步成为专家型教师。

3. 不断完善知识体系，善于思考，勇于创新

心理健康教育教师还应与时俱进，淘汰旧观念、旧知识、旧习惯，不断完善自己的知识库，永远给学生带来新鲜的知识。教师要进行深度思考，提高创新能力，充分发挥想象力，不拘泥于既定的程序或计划，结合教学工作实践推陈出新，根据教学需要灵活选择教学方法。

总之，"'互联网+'教育"趋势下，心理健康教育教师应适应时代要求，不断提高综合素养，敢于创新，善于创新，力争成为德能兼备的教育者。

参考文献

［1］余国良.大学生心理健康［M］.北京：北京师范大学出版社，2018.
［2］李国毅.大学生心理健康教育［M］.北京：国家行政学院出版社，2019.
［3］孙霞，郝明亮，寇延.大学生心理健康教育（师范版）［M］.大连：中国海洋大学出版社，2019.
［4］胡盛华，杨铖.现代大学生心理健康教程［M］.吉林：吉林大学出版社，2014.
［5］李梅，黄丽.大学生心理健康十二讲［M］.北京：北京师范大学出版社，2012.
［6］邓志军.大学生心理健康教育［M］.北京：北京理工大学出版社，2010.
［7］黄希庭.大学生心理健康［M］.上海：华东师范大学出版社，2004
［8］叶星，毛淑芳.大学生心理健康指导［M］.北京：高等教育出版社，2017.
［9］陈娟，龚燕.大学生心理健康：体验与训练［M］.重庆：重庆大学出版社，2017.
［10］瞿珍.大学生心理健康［M］.上海：华东理工大学出版社，2018.
［11］马斯洛.马斯洛人本主义哲学［M］.成明编译.北京：九州出版社，2003.
［12］孙霞、寇延.自助与成长：大学生心理健康教育（师范版）［M］.大连：中国海洋大学出版社，2018.
［13］阳志平.积极心理学团体活动课操作指南［M］.北京：机械工业出版社，2009.
［14］冉龙彪.大学生心理健康［M］.北京：人民出版社，2019.
［15］肖红.高校大学生求职择业心理困扰及其调适［J］.高教高校研究.2007（11）：176-177.
［16］马晓慧，岑瑞庆，余媚.大学生网恋的心理成因及干预措施［J］.校园心理，2011（6）：414-415.
［17］尹怀玉.马斯洛需要层次理论对大学生心理健康工作的启示［J］.知识经济，2013（9）：164-164.
［18］卓然.大学生职业生涯规划中的心理问题及对策分析[J].德育与心理.2016(29)：69-72.

［19］陈京明.当代成人大学生自我实现路径探析［J］.中国成人教育，2016（14）：24-26.

［20］李明.当代大学生自我意识发展的特点及其调控［J］.牡丹江教育学院学报，2015（11）：68-69.

［21］胡凯.大学生网络心理健康的标准［J］.思想政治教育研究，2012（03）：133-135.

［22］唐嵩潇.谈抑郁症的心理干预方法［J］.吉林化工学院学报，2017（12）：75-77.

［23］吴玉伟.大学生健全人格的标准探索［J］.社会心理科学，2012（6）：9-12.

［24］姚振.新时期大学生心理健康标准整合的探索性研究［J］.高教学刊，2017（5）：176-177.

［25］文娟.高校大学生心理健康现状及对策研究［J］.智库时代，2020（05）：114-115.

［26］何安明，惠秋平.大学生手机依赖与生活满意度的交叉滞后分析［J］.中国临床心理学杂志，2019（6）：1260-1263.

［27］魏杰.新时期大学生心理健康标准整合的探索性研究［D］.南京大学，2013.

［28］王飞飞.大学生情绪管理能力与心理健康的关系研究［D］.重庆：西南大学，2006.

［29］王玉娇.农村初中生人际关系对心理健康影响的实证研究［D］.宁夏：宁夏大学，2014.

［30］祖静，封孟君，郝爽，但菲.手机依赖大学生抑制控制特点及与渴求感的关系［J/OL］.中国学校卫生：2020-01-03/2020-03-08.

［31］唐崇潇.谈抑郁症的心理干预方法［J］.吉林化工学院学报，2017（12）：75-77.